# ALIMENTOS QUE ALEGRAM

VIDA SAUDÁVEL

# ALIMENTOS QUE ALEGRAM

## SUPERALIMENTOS E RECEITAS PARA MANTER O BOM HUMOR E VIVER MAIS FELIZ

GILL PAUL

NUTRICIONISTA: KAREN SULLIVAN

PUBLIFOLHA

Título original: *Eat yourself happy*



Publicado originalmente na Grã-Bretanha em 2014 pela Hamlyn, uma marca da Octopus Publishing Group Limited, Endeavour House 189, Shaftesbury Avenue, Londres WC2H 8JY.



**Coordenação do projeto:** Publifolha
**Editor assistente:** Thiago Barbalho
**Produtora gráfica:** Samantha R. Monteiro

**Produção editorial:** A2
**Coordenação:** Sandra R. F. Espilotro
**Tradução:** Maria Suzete Casellato
**Consultoria:** Marisa da Costa Cervi Rivaldo
**Preparação de texto:** Wilson Weigl
**Revisão:** Maria A. Medeiros, Carmen T. S. Costa
**Diagramação:** A2

**Edição original:** Octopus Publishing Group
**Editora:** Jo Wilson
**Diretor de arte:** Jonathan Christie
**Diretora de fotografia, estilo e produção:** Isabel de Cordova
**Fotografia:** Will Heap
**Produtora de culinária:** Joy Skipper
**Gerente de banco de imagens:** Jen Veall
**Assistente de produção:** Caroline Alberti

Dados Internacionais de Catalogação na Publicação (CIP)
(Câmara Brasileira do Livro, SP, Brasil)

Paull, Gill

Alimentos que alegram / Gill Paull ; nutricionista Karen Sullivan ; [tradução Maria Suzete Casellato]. - São Paulo : Publifolha, 2014.

Título original: Eat yourself happy.
ISBN 978-85-7914-555-1

1. Alimentos 2. Hábitos alimentares 3. Nutrição 4. Receitas 5. Saúde - Aspectos nutricionais I. Sullivan, Karen. II. Título.

14-07743 CDD-613.2

Índices para catálogo sistemático:
1. Dieta : Alimentação e saúde : Nutrição 613.2

Este livro segue as regras do Acordo Ortográfico da Língua Portuguesa (1990), em vigor desde 1° de janeiro de 2009.

Impresso na C&C Offset Printing Co., Ltd., China

**PUBLIFOLHA**
Divisão de Publicações do Grupo Folha
Al. Barão de Limeira, 401, 6° andar
CEP 01202-900, São Paulo, SP
Tel.: (11) 3224-2186/2187/2197
www.publifolha.com.br

## NOTA DO EDITOR

Apesar de todos os cuidados tomados na elaboração das receitas deste livro, a editora original não se responsabiliza por erros ou omissões decorrentes da preparação dos pratos.

Pessoas com restrições alimentares, grávidas e lactantes devem consultar um médico especialista sobre os ingredientes de cada receita antes de prepará-la.

As fotos deste livro podem conter acompanhamentos ou ingredientes meramente ilustrativos.

As informações contidas neste livro não excluem a consulta a um médico, endocrinologista e/ou nutricionista. Todas as decisões de cunho médico devem ser tomadas sob a orientação de um especialista.

**Observações, exceto se orientado de outra forma:**

- Use sempre ingredientes frescos
- Use sempre ovos de tamanho médio
- Preaqueça o forno na temperatura indicada na receita

**Equivalência de medidas:**

- 1 colher (chá) = 5 ml
- 1 colher (sopa) = 15 ml
- 1 xícara (chá) = 250 ml

# SUMÁRIO

# INTRODUÇÃO

Sentir-se deprimido de vez em quando é uma reação natural a situações difíceis, como o fim de um relacionamento, uma demissão ou uma doença grave que aflige alguém que amamos. Entretanto, certas pessoas são mais propensas do que outras à depressão: abatem-se com mais facilidade e têm mais dificuldade em recuperar o equilíbrio emocional. Para uma minoria, a depressão é severa a ponto de exigir cuidados médicos e prescrição de medicamentos ou terapias.

Quando estamos deprimidos, temos tendência a optar por alimentos pouco saudáveis e abusar de doces e bebidas alcoólicas, o que só piora os sintomas. A depressão pode ter diversas causas, mas é possível combater a maioria delas com alimentos certos, os quais vão formar substâncias que atuam no cérebro, corrigem deficiências de vitaminas e minerais e estabilizam o açúcar no sangue, trazendo bem-estar. Não importa o quanto você esteja deprimido, a escolha sábia de alimentos pode fazê-lo sentir-se mais feliz – e os benefícios são imediatos.

### Qual a causa da depressão?

Vários fatores afetam os estados de humor. A genética é um deles: quem tem um dos pais depressivo pode ser propenso a também ter o problema. Experiências difíceis vividas na infância, como abuso sexual, bullying ou perda de um parente próximo, também podem deflagrar a doença. Além disso, certos tipos de personalidade se deprimem mais facilmente do que outros – é o caso de quem sofre de baixa autoestima, por exemplo. A bioquímica cerebral exerce papel fundamental sobre o humor.

Ressonâncias magnéticas do cérebro de pessoas deprimidas indicam deficiência de alguns neurotransmissores, como a serotonina. O desequilíbrio hormonal também pode desencadear depressão, como a queda dos níveis de estrogênio, antes ou durante a menopausa. Não tomar sol é outro fator que pode levar à depressão: a radiação solar estimula a produção de estrogênio e serotonina e a síntese da vitamina D.

## Comer para ser feliz

### 1. Não abra mão da proteína

Os aminoácidos essenciais, componentes naturais das proteínas, devem fazer parte da dieta, pois não são produzidos pelo corpo. Um deles é o triptofano, responsável pela produção de serotonina, neurotransmissor que controla o humor, o sono e o apetite. A fenilalanina, por sua vez, é fundamental para a produção de adrenalina e noradrenalina, que interferem nos níveis de energia, e de dopamina, que regula as emoções. Incluir uma grande variedade de proteínas em pelo menos duas refeições diárias assegura a produção equilibrada desses neurotransmissores responsáveis pela sensação de bem-estar.

### 2. Abuse das vitaminas do complexo B

A carência de vitaminas do complexo B (principalmente a B6, a B12 e o ácido fólico) aumenta o risco de depressão, pois elas são fundamentais para o bom funcionamento do sistema nervoso e a produção equilibrada de neurotransmissores. Para prevenir essa deficiência, inclua no cardápio muitos cereais integrais, folhas verdes, frango, banana e abacate.

### 3. Coma bastante peixe

Aqueles que comem peixes são menos propensos à depressão do que os que não comem. Os pescados estão entre as principais fontes de ômega-3, especialmente EPA, que colabora na formação de conexões cerebrais e de pontos de recepção de neurotransmissores. Quanto mais EPA no sangue, maior a produção de serotonina e mais bem disposto você vai se sentir.

### 4. Escolha os carboidratos certos

Os tipos de carboidrato que ingerimos têm relação direta com o humor. Os carboidratos são fundamentais para os processos do nosso corpo, mas os refinados, presentes no arroz, pães e massas feitos com farinha branca, açúcar e doces, são rapidamente absorvidos, elevam a glicose no sangue e saciam por pouco tempo. Troque-os por aqueles não processados e ricos em fibras, presentes em grãos integrais

e vegetais, que são absorvidos mais lentamente e proporcionam energia duradoura.

## 5. Previna problemas digestivos

Estresse e ansiedade prejudicam o funcionamento dos órgãos do trato digestivo, mas estudos recentes sugerem que o inverso também vale: problemas digestivos podem desencadear a depressão. Inclua alimentos ricos em fibras – cereais, frutas, legumes e grãos – e iogurte nas refeições diárias, para manter o equilíbrio da flora intestinal. Também beba muita água.

## 6. Abasteça-se de vitamina D

A deficiência da vitamina D é outro gatilho para a depressão. O nutriente é obtido por meio da dieta e da exposição ao sol. Capriche no consumo de alimentos fontes dessa vitamina, como peixes oleaginosos e ovos, e faça sempre que puder uma caminhada ao sol.

## 7. Não abuse de álcool e cafeína

Bebidas que contêm cafeína (café, chá-preto e refrigerantes) estimulam a liberação de insulina, que reduz o açúcar no sangue e leva à queda de energia. Limite o consumo de café a uma ou duas xícaras por dia. Já o álcool é por si só um depressor, que dificulta a saída do estado depressivo.

## É hora da dieta

Quando você se sente deprimido, pode perder o apetite e até mesmo pular refeições. Ou, ao contrário, comer demais buscando compensação na comida. Prestar atenção na dieta é o primeiro passo para diminuir a tristeza. Fazer refeições e lanches em intervalos regulares proporciona rápida melhora dos sintomas, porque os nutrientes dos alimentos estabilizam o nível de açúcar no sangue. Essa tática vai acabar com o desejo insaciável por doces e alimentos gordurosos.

Siga o plano das páginas 30-3 para estimular o bom humor. Para combater estresse, irritabilidade, insônia ou perda da libido, consulte o guia prático das páginas 26-29 e descubra quais alimentos aumentam a energia, acalmam e favorecem o sono tranquilo. As páginas 12-25 listam os alimentos e seus benefícios e trazem sugestões de como incorporá-los à dieta. Exercícios físicos também contribuem para o bem-estar: além de aumentar a autoestima, a atividade física libera endorfinas, neurotransmissores que bloqueiam regiões receptoras da dor no cérebro. É importante também conversar sobre os problemas com amigos e consultar um médico ou psicólogo – principalmente se o estado depressivo for constante ou se surgirem pensamentos suicidas. Mesmo que a depressão não seja consequência de algum desequilíbrio bioquímico, mas decorrência de fatores genéticos ou experiências dolorosas, você vai descobrir que adotar uma alimentação saudável ajuda, e muito.

# SUPERALIMENTOS
# QUE ALEGRAM

# SUPERALIMENTOS

Esses alimentos funcionais ajudam a aliviar os sintomas da depressão e da ansiedade e contribuem para a saúde em todos os níveis.

## Peru

- ✔ Estimula o bom humor
- ✔ Diminui a ansiedade
- ✔ Equilibra os níveis de açúcar no sangue
- ✔ Auxilia o funcionamento do sistema nervoso
- ✔ Proporciona um sono reparador

Por seu alto teor de triptofano, o peru oferece benefícios que vão desde um sono reparador até o aumento da imunidade. Além disso, é fonte de proteína e tem baixos teores de carboidrato e gordura.

**É rico em...**

- → Triptofano, aminoácido que estimula a produção de serotonina, substância que promove o bem-estar e propicia um sono reparador
- → Zinco, que ajuda no equilíbrio dos níveis de açúcar e aumenta a imunidade
- → Colina, nutriente fundamental para o cérebro e o sistema nervoso
- → Selênio, que ajuda a equilibrar o humor e previne a ansiedade e a depressão

**Use em...** uma salada do chefe, com queijo, folhas verdes, ovos cozidos e tomates--cereja; como substituto da carne no molho à bolonhesa; como recheio de sanduíches, temperado com maionese de limão e pepino; em refogados de legumes com molho de soja, à moda asiática.

**VEJA: SALADA DE MACARRÃO COM PERU E AMENDOIM, P. 78; ENSOPADO DE PERU, LENTILHA E DAMASCO, P. 97; HAMBÚRGUER TAILANDÊS DE PERU COM CRISPS DE COUVE, P. 98**

## Semente de girassol

- ✔ Estimula o bom humor
- ✔ Equilibra o sistema nervoso
- ✔ Promove padrões de sono saudáveis
- ✔ Protege contra os efeitos prejudiciais do estresse
- ✔ Diminui a ansiedade

Consideradas há tempos antidepressivos naturais, as sementes de girassol contêm uma infinidade de vitaminas, sais minerais e outros nutrientes. Por isso, são indispensáveis em uma dieta saudável, como um reforço para ganhar energia e bem-estar.

**É rica em...**

- → Magnésio, que regula as funções neurológicas e equilibra o nível de cálcio, propiciando um sono reparador
- → Triptofano, que eleva a produção de serotonina, promovendo o bem-estar e melhorando o humor
- → Vitamina $B_6$, que estimula a liberação das substâncias antidepressivas naturais do corpo
- → Manganês, fundamental para o sistema nervoso e para a produção do hormônio da tireoide, que em baixos níveis pode prejudicar o humor

**Use em**... barras de cereais, com outras sementes, nozes e frutas secas, para um lanche rápido; cereais e müsli; saladas e patês, para acentuar seu sabor e deixá-los mais crocantes; coberturas; biscoitos e muffins, para aumentar o teor de gorduras saudáveis; para crosta em peixes, como o robalo.

**VEJA: MÜSLI COM PÊSSEGO E IOGURTE, P. 38; GRANOLA DE MAÇÃ E CRANBERRY, P. 42; BISCOITO DE BANANA E SEMENTE DE GIRASSOL, P. 62; PIMENTÃO ASSADO CREMOSO COM MIX DE GRÃOS, P. 105**

## Cavalinha

- ✔ Melhora o humor
- ✔ Alivia os sintomas da depressão
- ✔ Aumenta os níveis de energia
- ✔ Estimula o relaxamento
- ✔ Ajuda no tratamento do transtorno afetivo sazonal

Vários estudos revelam que a cavalinha tem importante efeito antidepressivo, ao contribuir para a elevação dos níveis de energia e promover sensações de calma e equilíbrio. Rico em gorduras saudáveis, o peixe desempenha outros importantes papéis, melhorando a saúde em geral.

**É rica em...**

- → Ômega-3, que alivia sintomas da depressão, como os estados alterados de humor, e regula a função cerebral
- → Vitamina D, para melhorar a imunidade e equilibrar o cálcio no organismo, o que estimula o funcionamento saudável do sistema nervoso e melhora o humor
- → Magnésio, que ativa as funções nervosas, promove o relaxamento e propicia um sono reparador
- → Vitaminas $B_3$ e $B_{12}$, que participam de processos cerebrais e melhoram o humor

**Use em...** saladas asiáticas; no lugar do hadoque, em uma infinidade de receitas; patês de cavalinha e ervas para um lanche saudável ou uma refeição rápida; bolinhos de peixe com limão e ervas; glaceie com harissa ao estilo do norte da África; grelhada com gengibre e limão.

**VEJA: PATÊ DE CAVALINHA COM TORRADA DE CENTEIO, P. 52; TORTA DE CAVALINHA E ASPARGO, P. 86; FILÉ DE CAVALINHA COM COBERTURA DE AVEIA, P. 90**

## Abacate

- ✔ Melhora o funcionamento cerebral
- ✔ Ajuda a equilibrar os hormônios
- ✔ Proporciona energia
- ✔ Aumenta a imunidade
- ✔ Equilibra os níveis de açúcar no sangue
- ✔ Facilita a concentração

Excelente fonte de gorduras saudáveis, o abacate está repleto de nutrientes que melhoram o humor e colaboram para a saúde de modo geral. O equilíbrio de gorduras, fibras e proteínas ajuda a estabilizar o teor de açúcar no sangue, aumentando a disposição e melhorando o raciocínio.

**É rico em...**

- → Magnésio, que aumenta a imunidade e ajuda a promover relaxamento e padrões normais de sono
- → Fibras, que equilibram os níveis de açúcar, ajudam a controlar o apetite e facilitam a digestão
- → Vitamina $B_6$, que favorece o aproveitamento do ferro, elevando assim os níveis de energia e contribuindo para o bom funcionamento do cérebro
- → Proteínas, que melhoram a atenção e o desempenho esportivo

**Use em...** sanduíches, substituindo a maionese; guacamole; picado, em saladas; espalhe sobre a torrada, no lugar da manteiga; em molho de salada; misture com extrato de baunilha, iogurte integral e mel em uma vitamina cremosa e nutritiva.

**VEJA: ROLINHO DE SALMÃO DEFUMADO E ABACATE, P. 56; CALDO DE MISSÔ COM CAMARÃO, P. 72; SALADA NIÇOISE COM ALCACHOFRA E ASPARGO, P. 80; SALADA QUENTE ARCO-ÍRIS, P. 84**

## Chocolate amargo

- ✔ Diminui os níveis de estresse
- ✔ Estimula o bom humor
- ✔ Aumenta o nível de atenção
- ✔ Induz ao relaxamento
- ✔ Eleva os níveis de serotonina
- ✔ Alivia a dor e os sintomas do estresse

O chocolate amargo contém grande variedade de nutrientes que agem diretamente sobre os neurotransmissores cerebrais. Melhora o humor e a atenção e contribui para o relaxamento, além de reduzir dores e vários sintomas do estresse.

**É rico em...**

- → Flavonoides e outros nutrientes que comprovadamente reduzem os níveis dos hormônios do estresse na corrente sanguínea
- → Feniletilamina, que regula a pressão arterial e os níveis de açúcar no sangue, elevando o ânimo e os níveis de atenção
- → Teobromina, que proporciona relaxamento físico e mental
- → Substâncias que estimulam a liberação de endorfinas, hormônios de efeito analgésico, responsáveis pela sensação de prazer, e a serotonina, neurotransmissor de efeito antidepressivo

**Use em...** molhos e curries picantes; derreta e bata com banana e iogurte natural, em uma vitamina cremosa e nutritiva; rale sobre o mingau; cubra bolos e tortas com gotas de chocolate; derreta e adicione a nozes e frutas, para compor um lanche saudável.

**VEJA: FRUTAS VERMELHAS COM CALDA DE CHOCOLATE, P. 112; SUFLÊ DE CHOCOLATE E FRAMBOESA, P. 114; FRUTAS COBERTAS COM CHOCOLATE, P. 124**

## Iogurte natural

- ✔ Diminui o hormônio do estresse
- ✔ Ajuda a aliviar a ansiedade e a depressão
- ✔ Estimula a digestão
- ✔ Aumenta a imunidade
- ✔ Promove o relaxamento
- ✔ Eleva os níveis de energia

Um estudo recente mostrou que os probióticos (bactérias benéficas) do iogurte natural podem alterar a química cerebral e ajudar no tratamento da ansiedade e distúrbios relacionados à depressão. Além disso, ajudam a reduzir os níveis dos hormônios do estresse.

**É rico em...**

- → Cálcio, que estimula o sistema nervoso e promove sono reparador
- → Probióticos, que aumentam a imunidade e aliviam os sintomas da depressão e da ansiedade
- → Iodo, que promove a produção do hormônio da tireoide, melhorando o metabolismo e os níveis de energia
- → Vitamina $B_{12}$, fundamental para a produção dos glóbulos vermelhos do sangue, que transportam oxigênio às células, e para o bom funcionamento do sistema nervoso

**Use em...** vitaminas, cereais matinais e müsli, substituindo o leite; sanduíches, no lugar da maionese; misture com ervas e raspas de limão para temperar saladas; bata com um pouco de açúcar de baunilha para acompanhar bolos e tortas.

**VEJA: MÜSLI COM PÊSSEGO E IOGURTE, P. 38; VITAMINA DE BANANA E AVEIA, P. 39; GRANOLA DE MAÇÃ E CRANBERRY, P. 42; FRUTAS VERMELHAS COM CALDA DE CHOCOLATE, P. 112; TORTINHA DE FIGO E UVA, P. 120**

## Aveia

- ✔ Nutre o sistema nervoso
- ✔ Diminui a ansiedade
- ✔ Equilibra o nível de açúcar no sangue
- ✔ Ajuda a acalmar
- ✔ Aumenta a libido
- ✔ Melhora a memória e os níveis de energia

Por sua contribuição à saúde do sistema neurológico, a aveia é conhecida como um verdadeiro "tônico" para os nervos. É rica em fibras e carboidratos de absorção lenta, que ajudam a equilibrar os níveis de açúcar no sangue e a melhorar o humor. Contém ainda ácidos graxos que promovem sensação de bem-estar.

**É rica em...**

- → Carboidratos de absorção lenta, associados à produção de serotonina, neurotransmissor que melhora o humor
- → Vitaminas do complexo B, que estimulam o bom funcionamento do sistema nervoso
- → Fibras solúveis e insolúveis, que facilitam a digestão e a absorção dos nutrientes dos alimentos e equilibram o açúcar no sangue
- → Zinco, fundamental para a imunidade, a libido, o equilíbrio hormonal, a memória e os níveis de energia

**Use em...** mingaus, granola feita em casa e bolos para o café da manhã; como cobertura de tortas doces ou salgadas; para empanar peixe ou frango; em pães caseiros.

**VEJA: MÜSLI COM PÊSSEGO E IOGURTE, P. 38; VITAMINA DE BANANA E AVEIA, P. 39; GRANOLA DE MAÇÃ E CRANBERRY, P. 42; BARRA DE FIGO E DAMASCO, P. 58; FILÉ DE CAVALINHA COM COBERTURA DE AVEIA, P. 90; PARFAIT DE CASTANHA-DO-PARÁ E BANANA, P. 110**

## Banana

✔ Melhora o humor
✔ Ajuda a acalmar
✔ Eleva os níveis de serotonina
✔ Proporciona energia
✔ Facilita a digestão
✔ Promove um sono reparador
✔ Aumenta a atenção

A banana é uma das frutas mais nutritivas. Por seu alto teor de potássio, equilibra o sistema nervoso e assegura um bom suprimento de sangue oxigenado ao cérebro. Fonte de vitamina $B_6$, colabora no tratamento da depressão relacionada à tensão pré-menstrual (TPM).

**É rica em...**

→ Triptofano, estimulante da produção de serotonina, que promove o bom humor, o relaxamento e o sono reparador
→ Potássio, que melhora a atenção, a concentração e o humor
→ Vitamina $B_6$, que favorece a produção de norepinefrina, neurotransmissor estimulante da atividade mental, que melhora a atenção e a concentração, além de contribuir para a produção de serotonina
→ Fibras, que facilitam a digestão e ajudam a equilibrar o nível de açúcar no sangue

**Use em...** panquecas, para um café da manhã nutritivo; congele e bata com iogurte natural, mel e outras frutas frescas, em uma vitamina rápida e refrescante; asse e use como acompanhamento de carne de porco, em vez de maçãs; asse com mel ou açúcar mascavo para a sobremesa.

VEJA: VITAMINA DE BANANA E AVEIA, P. 39; MUFFIN DE MORANGO E BANANA, P. 59; BISCOITO DE BANANA E SEMENTE DE GIRASSOL, P. 62; PARFAIT DE CASTANHA-DO-PARÁ E BANANA, P. 110

## Morango

- ✔ Equilibra o humor
- ✔ Estimula a concentração
- ✔ Facilita a digestão
- ✔ Alivia os sintomas da TPM e do Transtorno Afetivo Sazonal
- ✔ Aumenta a vitalidade e a virilidade
- ✔ Eleva os níveis de energia

O morango, como toda fruta vermelha, é rico em antioxidantes que oferecem inúmeros benefícios, como elevar os níveis de energia e proteger o cérebro dos efeitos do estresse. Pelo alto teor de fibras, a fruta ajuda na digestão e na absorção de nutrientes. Como excelente fonte de vitamina C, também aumenta a imunidade.

**É rico em...**

- → Magnésio, que beneficia o sistema nervoso e a produção de energia
- → Antocianina, poderoso antioxidante que melhora a circulação sanguínea e protege contra várias doenças degenerativas
- → Fenóis, que têm efeito anti-inflamatório e aliviam as dores
- → Vitaminas do complexo B, que estimulam o funcionamento do sistema nervoso e equilibram o humor

**Use em...** vitaminas; cereais matinais e granola; congele e mergulhe em chocolate amargo derretido; acrescente em doces, pães, bolos e tortas, para dar umidade e agregar nutrientes; faça um purê e misture com gelatina para fazer uma geleia nutritiva; adicione a saladas de folhas, com queijo de cabra e amêndoa tostada.

**VEJA: VITAMINA DE MORANGO, MELANCIA E HORTELÃ, P. 36; MUFFIN DE MORANGO E BANANA, P. 59; FRUTAS VERMELHAS COM CALDA DE CHOCOLATE, P. 112**

## Couve

- ✔ Aumenta a imunidade
- ✔ Estimula as funções cerebrais
- ✔ Melhora a digestão
- ✔ Eleva os níveis de energia
- ✔ Estimula a desintoxicação e a função hepática, equilibrando os hormônios

A couve contém treze vezes a quantidade de vitamina K recomendada para consumo diário. Esse nutriente é indispensável ao bom funcionamento do sistema nervoso e do cérebro. Também oferece antioxidantes que fortalecem o sistema imunológico e agem como anti-inflamatórios, aliviando as dores.

**É rica em...**

- → Ferro, para estimular a produção de glóbulos vermelhos, que transportam o oxigênio no sangue
- → Vitamina C, nutriente que aumenta a imunidade, previne danos às células como consequência do estresse e estimula o metabolismo
- → Cálcio, potássio e vitamina A, essenciais para a saúde do sistema nervoso
- → Manganês, para dar mais energia

**Use em...** saladas com cebola roxa, pimentão vermelho e uva-passa branca; refogue com maçã e salpique com nozes picadas e uma pitada de canela; misture em ensopados e caçarolas; cozinhe no vapor e tempere com raspas de limão, sal e azeite; acrescente ao macarrão integral com um pouco de pesto e gratine com queijo parmesão.

**VEJA: SOPA DE COUVE E HORTELÃ, P. 68; HAMBÚRGUER TAILANDÊS DE PERU COM CRISPS DE COUVE, P. 98**

## Castanha-do-pará

- ✔ Equilibra os hormônios
- ✔ Aumenta os níveis de energia
- ✔ Acalma e equilibra o humor
- ✔ Diminui a ansiedade

A castanha-do-pará contém altíssimos níveis de selênio, que reduz a ansiedade e melhora o humor. O consumo de apenas três castanhas por dia pode elevar significativamente os níveis desse nutriente, essencial para o equilíbrio emocional.

**É rica em...**

- → Selênio, que ajuda a equilibrar o humor e previne a ansiedade e a depressão
- → Zinco, indispensável para manter o equilíbrio hormonal e melhorar a memória e os níveis de energia
- → Magnésio, que contribui para um sono reparador e promove o relaxamento
- → Vitaminas do complexo B, fundamentais para o metabolismo e para eliminar sintomas de depressão, fadiga e distúrbios nervosos

**Use em...** saladas com queijo feta, uvas e mix de folhas verdes; mergulhe em chocolate amargo; adicione a muffins, brownies, biscoitos e pães doces; faça um pesto com castanhas moídas, suco e raspas de limão, estragão, azeite e parmesão.

**VEJA: IOGURTE COM MARACUJÁ E AVELÃ, P. 40; GRANOLA DE MAÇÃ E CRANBERRY, P. 42; PARFAIT DE CASTANHA-DO-PARÁ E BANANA, P. 110**

## Amendoim

- ✔ Equilibra o nível de açúcar no sangue
- ✔ Eleva a produção de serotonina
- ✔ Promove um sono reparador
- ✔ Melhora a memória
- ✔ Alivia os sintomas da TPM e da depressão pós-parto
- ✔ Diminui o apetite descontrolado

Além de importante fonte das saudáveis gorduras monoinsaturadas, o amendoim também oferece vitamina E, niacina, ácido fólico e proteína. Repleto de antioxidantes, como outras sementes oleaginosas, seu baixo índice glicêmico ajuda a equilibrar os níveis de açúcar no sangue.

**É rico em...**

- → Vitamina $B_3$, que contribui para o bom funcionamento do cérebro e estimula a memória
- → Triptofano, essencial para a produção de serotonina, elemento-chave na regulação do humor e na qualidade do sono
- → Ácido fólico, que contribui para a saúde do sistema nervoso
- → Manganês, que ajuda a atenuar os sintomas da TPM e da depressão pós-parto, ao regular a produção dos neurotransmissores norepinefrina e serotonina

**Use em...** saladas com vegetais frescos; acrescente em curries, frituras e saladas de macarrão à moda asiática; passe creme de amendoim em torradas, no lanche da tarde; experimente um sanduíche de creme de amendoim e banana, um clássico do cardápio dos norte-americanos.

**VEJA: SALADA DE MACARRÃO COM PERU E AMENDOIM, P. 78; ENSOPADO DE FRANGO E AMENDOIM COM ARROZ INTEGRAL, P. 94**

## Semente de gergelim

- ✔ Exerce efeito antidepressivo
- ✔ Equilibra o nível de açúcar no sangue
- ✔ Regula a produção hormonal
- ✔ Estimula a produção de serotonina
- ✔ Diminui a ansiedade
- ✔ Alivia os sintomas da TPM

As sementes de gergelim são muito ricas em cálcio e magnésio, minerais essenciais para a saúde do sistema nervoso e que também facilitam o relaxamento e o sono reparador. Elas baixam os níveis de glicose no sangue, equilibrando a taxa de açúcar, e oferecem uma boa dose de triptofano, que melhora o humor e a qualidade do sono.

**É rica em...**

- → Sesamol, substância de efeito antidepressivo nos casos de estresse crônico
- → Vitamina $B_6$, que ajuda a aliviar os sintomas da TPM, fortalece o sistema nervoso e propicia o relaxamento
- → Zinco, que ajuda a prevenir os danos causados pelo estresse
- → Vitamina $B_1$, com propriedades calmantes e reguladoras do sistema nervoso

**Use em...** saladas asiáticas; homus de grão-de-bico, de feijão-manteiga e de edamame (grãos de soja verde na vagem); use óleo de gergelim em frituras e tempero de saladas; acrescente em biscoitos e bolos; experimente em tempero para curries e outros pratos asiáticos, misturando gergelim preto, marrom e vermelho.

**VEJA: PETISCO DE GERGELIM, P. 55; BARRA DE FIGO E DAMASCO, P. 58; SALMÃO EM CROSTA DE GERGELIM, P. 88; ARROZ-DOCE COM LARANJA, GENGIBRE E GERGELIM, P. 122**

## Ovo

- ✔ Equilibra o humor
- ✔ Aumenta a concentração e a atenção
- ✔ Regula as glândulas suprarrenais, que liberam os hormônios do estresse
- ✔ Eleva os níveis de energia
- ✔ Estabiliza o nível do açúcar no sangue
- ✔ Estimula a liberação da serotonina

Uma das principais fontes de proteína, o ovo não só equilibra o açúcar do sangue e regula o apetite como também supre o organismo com uma grande variedade de aminoácidos, que melhoram o humor e favorecem o sono reparador. Colabora também no alívio de sintomas associados ao estresse.

**É rico em...**

- → Triptofano, estimulante da liberação da serotonina, que melhora o humor e ajuda a estabelecer bons padrões de sono
- → Colina, indispensável para o cérebro e o sistema nervoso, além de melhorar a memória e o humor
- → Selênio, mineral antidepressivo que ajuda a aumentar a imunidade e a equilibrar o humor
- → Iodo, que estimula a tireoide, glândula reguladora do metabolismo e dos níveis de energia

**Use em...** omeletes de ervas, espinafre e cogumelos; mexidos com cebolinha e cobertos com salmão defumado; cozidos e recheados com iogurte natural, cebolinha e endro; pique e acrescente em saladas; faça ovos mexidos e sirva em tortilhas de trigo integral com salsa, guacamole e feijão-preto.

**VEJA: OVO AO FORNO COM ESPINAFRE, P. 43; REFOGADO DE BATATA E MILHO COM OVO FRITO, P. 46**

## Trigo integral

- ✔ Estimula a boa digestão
- ✔ Equilibra o teor de açúcar no sangue
- ✔ Promove a liberação de serotonina
- ✔ Reduz os sintomas da TPM e da depressão pós-parto
- ✔ Colabora no equilíbrio do peso

Rico em triptofano, que estimula a liberação de serotonina, e ótima fonte de fibras e um pouco de proteína, o trigo integral é uma excelente opção para uma dieta estimulante. O cereal tem altos teores de vitaminas do complexo B, fundamentais para o bom funcionamento do sistema nervoso, e de antioxidantes, que protegem contra os efeitos do estresse.

**É rico em...**

- → Carboidratos complexos, que equilibram o açúcar no sangue e melhoram o humor, ao estimular a produção de serotonina
- → Manganês, que ajuda a reduzir os sintomas da TPM e da depressão pós-parto, regulando os neurotransmissores norepinefrina e serotonina
- → Fibras, que equilibram os níveis de açúcar no sangue, melhoram a digestão e a absorção de nutrientes
- → Betaína, que reduz inflamações e dores associadas

**Use em...** massas integrais com um molho leve de legumes; experimente o trigo em grão em saladas nutritivas, no lugar da quinoa ou do arroz integral; acrescente os grãos em sopas, ensopados e caçarolas.

VEJA: HOMUS DE FEIJÃO-BRANCO COM PÃO SÍRIO, P. 50; HAMBÚRGUER TAILANDÊS DE PERU COM CRISPS DE COUVE, P. 98; PENNE COM MOLHO DE TOMATE E ALCACHOFRA, P. 104

## Alho

- ✔ Aumenta a imunidade
- ✔ Ajuda na produção de serotonina
- ✔ Ativa o bom humor
- ✔ Fortalece o sistema nervoso
- ✔ Estimula a digestão e reduz o inchaço
- ✔ Eleva o nível de energia
- ✔ Reduz a fadiga
- ✔ Diminui a ansiedade
- ✔ Promove o bem-estar

Em um recente estudo prático, o alho cru não apenas melhorou o humor dos participantes como também reduziu a fadiga, a ansiedade e a irritabilidade. O alho vem sendo usado no tratamento de dependências e se mostrado eficaz no fortalecimento do sistema imunológico.

**É rico em...**

- → Vitamina $B_6$, que contribui para a elevação dos níveis de ferro, aumentando a energia e estimulando o bom funcionamento do cérebro
- → Manganês, que fortalece o sistema nervoso
- → Selênio, vitamina C e cálcio, cujos efeitos antidepressivos contribuem para o relaxamento e o bem-estar
- → Triptofano, aminoácido que promove sono reparador e estimula a produção do neurotransmissor serotonina

**Use em...** tudo! Amasse e adicione a molhos de salada, ensopados, patês, caçarolas e sopas; asse e passe sobre pão integral; use para temperar curries e molhos de massas; acrescente à maionese temperada com suco e raspas de limão; use em recheios de frango assado.

VEJA: CROSTINI DE ALHO ASSADO, P. 54; SOPA DE PERU COM LIMÃO E CEVADA, P. 69; TAGINE DE ABÓBORA, GRÃO-DE-BICO E BATATA-DOCE, P. 106

## Aspargo

- ✔ Equilibra o açúcar no sangue
- ✔ Diminui a irritabilidade
- ✔ Aumenta a libido
- ✔ Estimula a digestão
- ✔ Fortalece o sistema nervoso
- ✔ Eleva os níveis de energia
- ✔ Melhora a imunidade

O aspargo é uma das melhores fontes de rutina (substância encontrada nas plantas), que, juntamente com a vitamina C, estimula o sistema imunológico e protege contra infecções. Também ajuda a equilibrar os níveis de açúcar no sangue e, assim, controla as alterações hormonais e a irritabilidade.

**É rico em...**

- → Vitamina K, essencial para o sistema nervoso e as funções cerebrais
- → Ácido fólico, que reduz inflamações e protege o sistema nervoso
- → Prebióticos, que estimulam o crescimento nos intestinos de probióticos imunizantes, que facilitam a digestão
- → Vitaminas do complexo B, que estimulam o sistema nervoso, equilibram o metabolismo e os níveis de energia e regulam o açúcar no sangue

**Use em...** saladas; adicione a risotos e ao molho primavera da massa; cozinhe no vapor e sirva com limão e sal; asse com casca de limão e azeite; cozinhe no vapor e envolva em presunto cru ou salmão defumado, para um lanche rápido; salteie com tofu ou frango; cozinhe no vapor e acrescente em omeletes com cogumelos e queijo de cabra.

**VEJA: SALADA NIÇOISE COM ALCACHOFRA E ASPARGO, P. 80; VIEIRA COM GENGIBRE E ASPARGO, P. 85**

# Melancia

- ✔ Aumenta a imunidade
- ✔ Alivia a dor de cabeça e a irritabilidade
- ✔ Relaxa os vasos sanguíneos
- ✔ Diminui a fadiga
- ✔ Propicia bons padrões de sono
- ✔ Melhora a atenção

Não só a polpa, mas também a casca e as sementes desta fruta suculenta podem ser consumidas para garantir o fornecimento de vitaminas e minerais essenciais para a saúde. A melancia era usada tradicionalmente para combater a depressão e equilibrar os níveis hormonais; seu alto teor de antioxidantes também melhora a imunidade.

**É rica em...**

- → Água e eletrólitos naturais, que hidratam, aliviam dores de cabeça, a irritabilidade e aumentam o nível de energia
- → Cálcio, essencial para o sistema nervoso, responsável pela qualidade do sono
- → Vitaminas $B_1$ e $B_6$, que equilibram os hormônios e estimulam a transmissão nervosa ao longo do corpo
- → Potássio, que beneficia o cérebro e melhora a atenção

**Use em...** saladas, coberta com queijo feta e pecãs tostadas; batida em vitaminas com iogurte natural e ramos de hortelã; amassada em purê, com kiwi, hortelã, melão e raspas de casca de laranja e servida como uma refrescante sopa fria.

**VEJA: VITAMINA DE MORANGO, MELANCIA E HORTELÃ, P. 36; GRANITA DE MELANCIA, GENGIBRE E LIMÃO, P. 108; SALADA DE FRUTAS COM CALDA DE CHÁ-VERDE, P. 121**

## Gengibre

- ✔ Estimula a digestão
- ✔ Diminui as náuseas
- ✔ Alivia dores musculares e de cabeça
- ✔ Melhora o humor
- ✔ Induz à sensação de calma
- ✔ Ativa as papilas gustativas
- ✔ Regula o nível de açúcar no sangue

A medicina tradicional chinesa usa há séculos o gengibre no tratamento da depressão e outros problemas emocionais. Vários estudos recentes comprovaram seu efeito tranquilizante, que, em alguns casos, é comparável ao dos medicamentos antidepressivos. Por suas propriedades calmantes, também alivia dores.

**É rico em...**

- → Fenilalanina, aminoácido que diminui a dor, controla o apetite, estimula a atenção e melhora a memória
- → Treonina, aminoácido que aumenta a imunidade e diminui as inflamações
- → Triptofano, que favorece um sono reparador e estabiliza o humor
- → Gingerol, agente anti-inflamatório que combate náuseas, facilita a digestão e alivia a dor

**Use em...** chá de limão e gengibre, consumido logo pela manhã para estimular a digestão; adicione a curries, sopas, ensopados e caçarolas; use em saladas e frituras asiáticas; cozido, em compota; acrescente em receitas de chocolate ou bolos e doces assados, para realçar o sabor.

**VEJA: VIEIRA COM GENGIBRE E ASPARGO, P. 85; ENSOPADO DE FRANGO E AMENDOIM COM ARROZ INTEGRAL, P. 94; BIRYANI DE COUVE-FLOR E PERU, P. 96; CARNE À TAILANDESA COM PIMENTÃO, P. 100**

## Figo

- ✔ Melhora o funcionamento do cérebro e do sistema nervoso
- ✔ Equilibra o açúcar no sangue
- ✔ Aumenta a libido
- ✔ Fortalece a imunidade
- ✔ Reduz a inflamação e a dor
- ✔ Equilibra os hormônios
- ✔ Contribui para a saúde do fígado

Figos são excelentes fontes de vitaminas, sais minerais e antioxidantes, que estimulam a saúde em todos os níveis, além de regular a pressão sanguínea, aliviar dores musculares e estimular as funções cerebrais.

**É rico em...**

- → Ômega-3 e ômega-6, que previnem inflamações e dores, participam da construção de tecidos e músculos e contribuem para o bom funcionamento do cérebro
- → Potássio, que regula os níveis de açúcar no sangue, previne câimbras, aumenta a imunidade e promove a saúde do coração e do sistema nervoso
- → Aminoácidos, como a arginina, que estimula a libido
- → Fibras, que facilitam a digestão, equilibram o açúcar no sangue e eliminam toxinas, beneficiando o fígado e o equilíbrio hormonal

**Use em...** bolos e tortas; pique e adicione aos cereais matinais e ao müsli; asse e faça uma compota para servir com iogurte natural; sirva com queijos cremosos e nozes sobre folhas de alface; deixe marinar em vinagre balsâmico e suco de limão e sirva com bolinhas de muçarela e pecãs.

**VEJA: BARRA DE FIGO E DAMASCO, P. 58; SALADA DE FIGO, FRAMBOESA E PRESUNTO CRU, P. 74; FIGO ASSADO COM MASCARPONE, P. 113**

## Cevada

- ✔ Equilibra o açúcar no sangue
- ✔ Melhora a digestão
- ✔ Eleva os níveis de energia
- ✔ Contribui para o equilíbrio de peso
- ✔ Diminui a ansiedade
- ✔ Ajuda a prevenir a depressão
- ✔ Estimula o bom humor

A cevada é um dos grãos de cultivo mais antigos e, como alimento integral, é rico em fibras, selênio e vitaminas do complexo B, que atuam conjuntamente no equilíbrio do humor. Uma xícara de cevada contém 50% da quantidade de selênio recomendada para consumo diário. O manganês, outro mineral presente nesse grão, proporciona sensação geral de bem-estar.

**É rica em...**

- ➔ Triptofano, aminoácido que estimula a produção de serotonina e propicia um sono reparador
- ➔ Cobre, que melhora a absorção de ferro e aumenta os níveis de energia
- ➔ Betaglucano, substância que equilibra o nível de açúcar no sangue e melhora a resposta do organismo à glicose
- ➔ Selênio, que ajuda a equilibrar o humor e previne a ansiedade e a depressão

**Use em...** risotos e pudins, no lugar do arroz; beba a água da cevada com suco de limão, para diminuir a ansiedade e estimular a digestão; engrosse sopas, ensopados e caçarolas com o grão para obter mais sabor e uma boa dose de carboidratos saudáveis de absorção lenta; recheie pimentões com cevada, cebola, pinholes e queijo feta.

**VEJA: SOPA DE PERU COM LIMÃO E CEVADA, P. 69**

## Lentilha

- ✔ Equilibra o nível de açúcar no sangue
- ✔ Facilita a digestão
- ✔ Diminui a ansiedade
- ✔ Alivia os sintomas da depressão
- ✔ Estimula a liberação da serotonina
- ✔ Eleva os níveis de energia
- ✔ Propicia um sono reparador

A lentilha, a mais nutritiva das leguminosas, possui altos teores de fibras, que regulam o nível de açúcar no sangue, e ácido fólico, fundamental para a saúde do sistema nervoso. Boa fonte de proteína, contém também vários aminoácidos que proporcionam sensação de bem-estar e aliviam os sintomas da depressão.

**É rica em...**

- ➔ Fibras solúveis, que ajudam a estabilizar o nível de açúcar no sangue e ainda proporcionam energia duradoura
- ➔ Ferro, para a produção de hemoglobina, essencial para a boa oxigenação do sangue
- ➔ Triptofano, para estimular a liberação de serotonina, que ativa o bom humor e ajuda a regular o sono
- ➔ Magnésio, mineral que diminui a produção de cortisol, o hormônio do estresse

**Use em...** sopas, ensopados, caçarolas e curries; cozida, para substituir o feijão acompanhando o arroz; sirva fria ou quente na salada, com queijo de cabra e suco de limão; como guarnição para peixes e assados; refogue com pimenta vermelha e laranja.

**VEJA: SOPA DE LENTILHA E ERVILHA, P. 66; ENSOPADO DE PERU, LENTILHA E DAMASCO, P. 97**

## Alcachofra

- ✔ Facilita a digestão
- ✔ Estimula o sistema nervoso
- ✔ Acelera o metabolismo
- ✔ Ajuda a restaurar as funções cerebrais
- ✔ Aumenta a imunidade
- ✔ Diminui os sintomas do estresse
- ✔ Reduz a irritabilidade
- ✔ Promove o equilíbrio hormonal

Excelente fonte de antioxidantes, a alcachofra é repleta de nutrientes que estimulam o bom humor e aliviam os sintomas da depressão. Rica em minerais como cobre, cálcio, ferro e potássio, eleva os níveis de energia e protege o fígado, além de contribuir para o equilíbrio hormonal.

**É rica em...**

- → Vitamina K, essencial para o sistema nervoso e as funções cerebrais
- → Vitamina C, que ajuda a equilibrar o hormônio do estresse, aumenta a imunidade e melhora a digestão
- → Inulina, um prebiótico (fibra) que estimula o crescimento de bactérias benéficas no sistema digestório, melhorando a digestão e o funcionamento do intestino
- → Cálcio, que alivia a ansiedade e restaura as funções do sistema nervoso

**Use em...** saladas, com legumes assados; em conserva, no molho de massas, como antepasto e em saladas mediterrâneas; em sanduíches, com manjericão, pesto e muçarela; refogue com mexilhões ou use como base para as terrines de legumes.

**VEJA: SALADA NIÇOISE COM ALCACHOFRA E ASPARGO, P. 80; CAÇAROLA DE ALCACHOFRA E ERVAS, P. 102; PENNE COM MOLHO DE TOMATE E ALCACHOFRA, P. 104**

## Uva

- ✔ Estimula o bom humor
- ✔ Promove a concentração
- ✔ Eleva os níveis de serotonina
- ✔ Melhora a oxigenação do cérebro
- ✔ Aumenta a imunidade
- ✔ Facilita a digestão
- ✔ Diminui inflamações

As uvas têm vitaminas, minerais e antioxidantes como o resveratrol, presente nas sementes e na casca. Esse nutriente exerce ação no aumento do fluxo de sangue para o cérebro, na maior liberação de serotonina e noradrenalina, neurotransmissores antidepressivos, e na melhora da concentração.

**É rica em...**

- → Manganês, essencial para o bom funcionamento dos nervos e a produção do hormônio da tireoide, que, em níveis baixos, pode levar ao desânimo
- → Vitamina K, que melhora as funções cerebrais e contribui para a saúde do sistema nervoso
- → Fibras e carboidratos de absorção lenta, que regulam o equilíbrio do açúcar no sangue
- → Fitonutrientes, como os flavonoides e o resveratrol, que estimulam a digestão e a imunidade e melhoram a concentração

**Use em...** saladas, com queijo feta e amêndoas; sirva congelada, no lanche; em tortas de frutas; em vitaminas, com frutas vermelhas e banana; refogada com frango e nozes.

**VEJA: SALADA DE BETERRABA, UVA E QUEIJO FETA, P. 79; TORTINHA DE FIGO E UVA, P. 120; SALADA DE FRUTAS COM CALDA DE CHÁ-VERDE, P. 121**

# QUAL É A SUA DIFICULDADE?

Os alimentos funcionais das páginas 26-9 agem em regiões específicas da mente e do corpo para equilibrar o humor, combater e aliviar os sintomas da depressão. Identifique sua dificuldade e descubra os ingredientes e as receitas que ajudam a vencê-la. Os ícones coloridos aparecem nas receitas e indicam aquelas que são mais eficazes no tratamento.

### Desânimo

Castanha-do-pará, espinafre, couve, laranja, grapefruit, sardinha, arroz integral, cavalinha, espelta, edamame, soja, feijão-roxinho, caranguejo, peru, chá-verde, mirtilo, damasco, amêndoa, chocolate amargo, uva, alho, gengibre, cevada, banana, sementes de gergelim e girassol.
**Receitas indicadas:** Patê de cavalinha com torrada de centeio, p. 52; Arroz-doce com laranja, gengibre e gergelim, p. 122

### Dependências

Couve, repolho, alface-romana, beterraba, cenoura, frutas vermelhas, grapefruit, peru, gengibre, ovo, castanha-do-pará, chocolate amargo, hortelã, centeio, cavalinha, bacalhau, grão-de-bico, morango.
**Receitas indicadas:** Refogado de batata e milho com ovo frito, p. 46; Carne rosada e salada de minibeterraba, p. 76; Ensopado de peru, lentilha e damasco, p. 97

### Ansiedade

Pêssego, mirtilo, amêndoa, aveia, chocolate amargo, salmão, melão, brócolis, arroz integral, grapefruit, alga, leite, peru, carne de vaca, amendoim, cereja, edamame, soja, alho, alface-romana, cevada, gengibre, semente de gergelim, castanha-do-pará.
**Receitas indicadas:** Müsli com pêssego e iogurte, p. 38; Salada de tomate, tofu e pimentão, p. 82

### Irritabilidade

Atum, salmão, cavalinha, aveia, semente de abóbora, alcachofra, chocolate amargo, espinafre, banana, amendoim, arroz integral, castanha-de-caju, repolho, bacalhau, edamame, soja, semente de girassol, aspargo, figo, melancia, alho, castanha-do-pará.
**Receitas indicadas:** Salada niçoise com alcachofra e aspargo, p. 80; Caçarola de alcachofra e ervas, p. 102

**Fadiga**

Avelã, iogurte, semente de gergelim, cacau, espinafre, grão-de--bico, romã, figo, ovo, couve, beterraba, damasco, coco, cranberry, tâmara, azeitona, canela, salmão, castanha--do-pará, amora, melancia, aspargo, alho, cavalinha, lentilha.
**Receitas indicadas:** Iogurte com maracujá e avelã, p. 40; Scone de tomate seco e azeitona, p. 64

**Depressão**

Cereais integrais, nozes, levedo de cerveja, quinoa, repolho, castanha--do-pará, chocolate amargo, batata--doce, kiwi, pimentão, laranja, cenoura, melão, damasco, uva, alcachofra, alho, peru, cavalinha, lentilha, banana, sementes de gergelim e girassol, salmão.
**Receitas indicadas:** Biscoito de banana e semente de girassol, p. 62; Frutas cobertas com chocolate, p. 124

**TPM**

Semente de girassol, laticínios, banana, laranja, gérmen de trigo, salmão, semente de gergelim, feijão--preto, iogurte, cavalinha, tomate, cranberry, cevada, morango, atum mirtilo, aveia, melancia, couve, alcachofra, espinafre, castanha-do-pará.
**Receitas indicadas:** Petisco de gergelim, p. 55; Sopa de couve e hortelã, p. 68; Granita de melancia, gengibre e limão, p. 108

**Falta de concentração**

Chocolate amargo, laranja, pecã, castanhas, alecrim, abacate, espelta, quinoa, pipoca, mirtilo, ovo, laticínios, espinafre, abóbora, batata, manga, aspargo, morango, melancia, uva, alcachofra, gengibre.
**Receitas indicadas:** Ovos benedict com salmão defumado, p. 44; Rolinho de salmão defumado e abacate, p. 56; Tortinha de figo e uva, p. 120

### Apetite descontrolado

Frango, edamame, soja, ovo, grão-de-bico, feijão-preto, lentilha, centeio, trigo integral, chocolate amargo, nozes, amêndoa, amendoim, iogurte, salmão, pipoca, coco, maçã, vinagre de maçã, figo.

**Receitas indicadas:** Crostini de alho assado, p. 54; Ensopado de frango e amendoim com arroz integral, p. 94; Suflê de chocolate e framboesa, p. 114

### Alterações de humor

Cereais integrais, leguminosas, atum, salmão, linguado, queijo, iogurte, chá-verde, chocolate amargo, cogumelo, amêndoa, castanha-do-pará, mirtilo, pistache, romã, alho, canela, verduras verdes, cevada, melancia, gengibre.

**Receitas indicadas:** Vitamina de mirtilo e hortelã, p. 60; Sopa de peru com limão e cevada, p. 69; Salmão em crosta de gergelim, p. 88

### Dores

Salmão, gengibre, cereja, azeite, chá-verde, nozes, semente de linhaça, edamame, soja, cúrcuma, uva, sálvia, espelta, quinoa, centeio, cacau, castanha-do-pará, aveia, damasco, abacate, banana, fava, alho, abóbora-cheirosa, batata-doce.

**Receitas indicadas:** Tofu frito com camarão e macarrão de arroz, p. 91; Pavlova de cereja e nectarina, p. 118

### Melancolia

Salmão, cavalinha, amêndoa, ovo, couve, peru, batata-doce, castanha-do-pará, chocolate amargo, aveia, morango, abacate, alface-romana, cevada, banana, laticínios, abacaxi, cereja, alho, lentilha, semente de gergelim.

**Receitas indicadas:** Patê de cavalinha com torrada de centeio, p. 52; Parfait de castanha-do-pará e banana, p. 110

### Queda da libido

Aipo, frutos do mar, abacaxi, banana, abacate, amêndoa, manga, pêssego, morango, ovo, figo, alho, chocolate amargo, cacau, pimenta vermelha, mel, semente de abóbora, aspargo.

**Receitas indicadas:** Minifritada de abobrinha e gorgonzola, p. 47; Barra de figo e damasco, p. 58; Caldo de missô com camarão, p. 72; Vieira com gengibre e aspargo, p. 85

### Baixa autoestima

Mirtilo, cenoura, abóbora-cheirosa, tomate, couve, espinafre, alface-romana, alfafa, cereja, uva, atum, salmão, amêndoa, tâmara, centeio, lentilha, grão-de-bico, brócolis, cavalinha.

**Receitas indicadas:** Fritada de abóbora-cheirosa e ricota, p. 48; Sopa de brócolis e amêndoa, p. 70; Salada de beterraba, uva e queijo feta, p. 79; Torta de cavalinha e aspargo, p. 86

### Distúrbios do sono

Peru, banana, batata, mel, alho, aveia, amêndoa, semente de linhaça, semente de girassol, cereja, atum, amendoim, queijo, iogurte, arroz integral, lentilha, quinoa, tâmara, manga, melancia, gengibre, cevada, castanha-do-pará.

**Receitas indicadas:** Refogado de batata e milho com ovo frito, p. 46; Petisco de gergelim, p. 55; Salada de macarrão com peru e amendoim, p. 78

### Depressão pós-parto

Abacate, coco, maçã, alcachofra, centeio, trigo integral, laticínios, aveia, morango, semente de linhaça e de girassol, abóbora, gergelim, arroz integral, batata-doce, lentilha, mirtilo, chocolate amargo, castanha-do-pará, feijão-roxinho, melancia, ovo.

**Receitas indicadas:** Vitamina de morango, melancia e hortelã, p. 36; Sopa de lentilha e ervilha, p. 66

# PLANO DE DIETA

| Refeições | Segunda-feira | Terça-feira | Quarta-feira |
|---|---|---|---|
| **Café da manhã** | Müsli com pêssego e iogurte, p. 38 | Ovo ao forno com espinafre, p. 43 | Granola de maçã e cranberry, p. 42 |
| **Lanche da manhã** | Castanha-do-pará coberta com chocolate | ½ abacate com 1 colher (chá) de maionese de limão | Ovo cozido |
| **Almoço** | Vieira com gengibre e aspargo, p. 85 | Salada de beterraba, uva e queijo feta, p. 79 | Salada de tomate, tofu e pimentão, p. 82 |
| **Lanche da tarde** | Petisco de gergelim, p. 55 | Scone de tomate seco e azeitona, p. 64 | Frutas cobertas com chocolate, p. 124 |
| **Jantar** | Biryani de couve-flor e peru, p. 96 | Tagine de abóbora, grão-de-bico e batata-doce, p. 106 | Filé de cavalinha com cobertura de aveia, p. 90 |
| **Sobremesa** | Figo assado com mascarpone, p. 113 | Suflê de chocolate e framboesa, p. 114 | Granita de melancia, gengibre e limão, p. 108 |

# SEMANA 1

| Quinta-feira | Sexta-feira | Sábado | Domingo |
| --- | --- | --- | --- |
| Grapefruit com maple syrup | Iogurte com maracujá e avelã, p. 40 | Minifritada de abobrinha e gorgonzola, p. 47 | Ovos benedict com salmão defumado, p. 44 |
| Rolinho de salmão defumado e abacate, p. 56 | Biscoito de banana e semente de girassol, p. 62 | Barra de figo e damasco, p. 58 | Um punhado de amêndoa |
| Sopa de lentilha e ervilha, p. 66 | Salada de figo, framboesa e presunto cru, p. 74 | Salada niçoise com alcachofra e aspargo, p. 80 | Salada de queijo de cabra, maçã e brócolis, p. 73 |
| Muffin de morango e banana, p. 59 | Patê de cavalinha com torrada de centeio, p. 52 | Crostini de alho assado, p. 54 | Homus de feijão--branco com pão sírio, p. 50 |
| Penne com molho de tomate e alcachofra, p. 104 | Ensopado de peru, lentilha e damasco, p. 97 | Pimentão assado cremoso com mix de grãos, p. 105 | Ensopado de frango e amendoim com arroz integral, p. 94 |
| Pavlova de cereja e nectarina, p. 118 | Arroz-doce com laranja, gengibre e gergelim, p. 122 | Potinho de mirtilo e mascarpone, p. 116 | Frutas vermelhas com calda de chocolate, p. 112 |

| Refeições | Segunda-feira | Terça-feira | Quarta-feira |
|---|---|---|---|
| **Café da manhã** | Granola de maçã e cranberry, p. 42 | Iogurte com maracujá e avelã, p. 40 | Vitamina de morango, melancia e hortelã, p. 36 |
| **Lanche da manhã** | Vitamina de mirtilo e hortelã, p. 60 | Patê de cavalinha com torrada de centeio, p. 52 | Um punhado de uva e brie |
| **Almoço** | Caldo de missô com camarão, p. 72 | Salada quente arco-íris, p. 84 | Torta de cavalinha e aspargo, p. 86 |
| **Lanche da tarde** | Castanha-do-pará coberta com chocolate | Biscoito de banana e semente de girassol, p. 62 | Crostini de alho assado, p. 54 |
| **Jantar** | Caçarola de alcachofra e ervas, p. 102 | Salmão em crosta de gergelim, p. 88 | Tofu frito com camarão e macarrão de arroz, p. 91 |
| **Sobremesa** | Salada de frutas com calda de chá-verde, p. 121 | Damasco cozido em água de flor de laranjeira, p. 125 | Parfait de castanha-do-pará e banana, p. 110 |

# SEMANA 2

| Quinta-feira | Sexta-feira | Sábado | Domingo |
|---|---|---|---|
| Vitamina de banana e aveia, p. 39 | Ovo ao forno com espinafre, p. 43 | Refogado de batata e milho com ovo frito, p. 46 | Fritada de abóbora-cheirosa e ricota, p. 48 |
| Scone de tomate seco e azeitona, p. 64 | Petisco de gergelim, p. 55 | Rolinho de salmão defumado e abacate, p. 56 | Barra de figo e damasco, p. 58 |
| Sopa de brócolis e amêndoa, p. 70 | Carne rosada e salada de minibeterraba, p. 76 | Sopa de couve e hortelã, p. 68 | Sopa de peru com limão e cevada, p. 69 |
| ½ papaia | Vitamina de mirtilo e hortelã, p. 60 | Muffin de morango e banana, p. 59 | Homus de feijão-branco com pão sírio, p. 50 |
| Hambúrguer tailandês de peru com crisps de couve, p. 98 | Trilha com salada de tomate e alcaparra, p. 92 | Penne com molho de tomate e alcachofra, p. 104 | Carne à tailandesa com pimentão, p. 100 |
| Granita de melancia, gengibre e limão, p. 108 | Arroz-doce com laranja, gengibre e gergelim, p. 122 | Frutas cobertas com chocolate, p. 124 | Tortinha de figo e uva, p. 120 |

# RECEITAS QUE ALEGRAM

# VITAMINA DE MORANGO, MELANCIA E HORTELÃ

Essa vitamina refrescante e rica em antioxidantes é perfeita para o café da manhã ou um lanche rápido.

**Preparo:** 5 minutos
**4 porções**

16 **morangos** grandes inteiros, sem a haste, mais 2 cortados ao meio, para guarnecer
1 **melancia** média sem sementes
3 colheres (sopa) de **hortelã** picada
100 ml de **suco de papaia**
ramos de **hortelã**, para guarnecer

Coloque todos os ingredientes no liquidificador ou processador e bata até ficar uniforme.

Distribua a vitamina entre quatro copos. Decore com meio morango e um ramo de hortelã e sirva em seguida.

# MÜSLI COM PÊSSEGO E IOGURTE

Experimente esse müsli doce e saboroso que reúne vários ingredientes que combatem a ansiedade.

**Preparo:** 15 minutos, mais o tempo para hidratar
**Cozimento:** 5 minutos (opcional)
**4 porções**

200 g de **flocos de aveia**
50 g de **gérmen de trigo**
50 g de **semente de girassol**
25 g de **semente de gergelim**
50 g de **semente de abóbora** sem casca
50 g de **amêndoa**
50 g de **avelã**
75 g de **damasco seco** macio picado
50 g de **cranberry seco**
50 g de **uva-passa branca**
350 ml de **suco de pêssego**
350 ml de **iogurte grego**
2 **pêssegos** sem pele cortados em fatias

Junte a aveia, o gérmen de trigo, as sementes, a amêndoa, a avelã e as frutas secas em uma tigela. Acrescente o suco e deixe de molho por no mínimo 4 horas, ou de véspera.

Quando o suco tiver sido absorvido, distribua entre quatro tigelinhas e finalize com o iogurte e as fatias de pêssego. Sirva em seguida.

Se preferir, aqueça os ingredientes hidratados em fogo baixo por cerca de 5 minutos, mexendo sempre. Sirva com o iogurte e o pêssego.

# VITAMINA DE BANANA E AVEIA

Uma vitamina como essa, saudável e nutritiva, é perfeita para um café da manhã rápido antes de um dia cheio.

**Preparo:** 5 minutos
**4 porções**

100 g de **flocos de aveia**
475 ml de **iogurte natural**
4 **bananas** picadas grosseiramente
475 ml de **leite desnatado**
3 colheres (sopa) de **mel**
1 colher (chá) de **canela em pó**

Coloque todos os ingredientes no liquidificador ou processador e bata bem. Distribua entre quatro copos grandes e sirva.

Para variar o sabor, acrescente um punhado de pecã ou substitua o mel por maple syrup.

# IOGURTE COM MARACUJÁ E AVELÃ

Esse iogurte reforçado com castanhas e sementes equilibra o humor e aumenta a energia para enfrentar a correria do dia a dia.

**Preparo:** 10 minutos
**4 porções**

4 **maracujás**
475 ml de **iogurte natural**
8 colheres (sopa) de **mel**
100 g de **avelã** tostada e picada grosseiramente
50 g de **castanha-do-pará** picada grosseiramente
50 g **semente de girassol**
8 **tangerinas** pequenas picadas

Recolha a polpa e as sementes do maracujá em uma tigela, acrescente o iogurte e misture com cuidado.

Separe quatro copos altos e coloque 1 colher (sopa) de mel em cada um. Distribua entre eles metade da avelã, da castanha-do-pará e da semente de girassol. Cubra com metade do iogurte e, por cima, metade da tangerina picada.

Repita as camadas, reservando um pouco de avelã para decorar. Espalhe a avelã por cima e refrigere até a hora de servir.

# GRANOLA DE MAÇÃ E CRANBERRY

A aveia dessa receita saborosa proporciona uma dose extra de energia e uma agradável sensação de tranquilidade.

**Preparo:** 15 minutos
**Cozimento:** 15-30 minutos
**12 porções**

2 **maçãs** grandes descascadas e picadas
4 colheres (sopa) de **maple syrup**
2 colheres (chá) de **canela em pó**
2 colheres (sopa) de **azeite**
1 colher (chá) de **noz-moscada** ralada
250 g de **flocos de aveia**
25 g de **semente de linhaça dourada**
50 g de **amêndoa** picada
50 g de **castanha-do-pará** picada
50 g de **noz-pecã** picada
50 g de **semente de girassol**
150 g de **cranberry seco**

**Para servir**
125 ml de **iogurte natural** por porção
um punhado de **frutas frescas** (uva, mirtilo ou pêssego cortado em fatias) por porção

Bata a maçã com o maple syrup, a canela, o azeite e a noz-moscada no liquidificador ou processador, até ficar homogêneo.

Junte a aveia, a linhaça, a amêndoa, a castanha-do-pará, a pecã e a semente de girassol em uma tigela, acrescente a maçã batida e misture bem.

Transfira para uma assadeira levemente untada e leve ao forno preaquecido a 160°C por 15-30 minutos. Mexa frequentemente, até secar e dourar. Retire do forno, deixe esfriar e adicione o cranberry.

Sirva a granola com iogurte e frutas frescas. Pode ser guardada em recipiente hermético por 3 semanas.

# OVO AO FORNO COM ESPINAFRE

Uma combinação perfeita e repleta de nutrientes, ideal para um café da manhã demorado no final de semana.

**Preparo:** 15 minutos
**Cozimento:** 25 minutos
**4 porções**

1 colher (sopa) de **manteiga sem sal**, mais um pouco para untar
½ **cebola** picada
500 g de **espinafre** picado grosseiramente
4 colheres (sopa) de **creme de leite fresco**
½ colher (chá) de **noz-moscada** ralada
4 **ovos**
**sal** e **pimenta-do-reino** moída na hora

**Para servir**
**torrada integral**
**bacon de peru**

Aqueça a manteiga em uma panela grande e refogue a cebola em fogo médio até começar a dourar. Acrescente o espinafre e refogue por 5 minutos, até murchar. Retire do fogo e tempere a gosto.

Distribua a verdura entre quatro forminhas refratárias de cerca de 7,5 cm de diâmetro, previamente untadas. Cubra com o creme de leite, polvilhe com a noz-moscada e finalize com um ovo em cada fôrma, tomando cuidado para não romper a gema.

Tempere a gosto e leve ao forno preaquecido a 200°C por 12-15 minutos, ou até a clara ficar firme. Sirva com torrada integral e bacon de peru.

# OVOS BENEDICT COM SALMÃO DEFUMADO

Uma boa maneira de começar o dia, esse prato equilibra o açúcar no sangue, melhora o humor e combate o estresse.

**Preparo:** 10 minutos
**Cozimento:** 20 minutos
**4 porções**

2 colheres (sopa) de **vinagre de estragão**
4 **ovos** grandes
4 fatias grossas de **pão integral** tostadas
8 fatias pequenas de **salmão defumado**
**cebolinha** picada, para guarnecer

**Para o molho**
250 ml de **iogurte natural**
3 **gemas**
2 colheres (chá) de **suco de limão-siciliano**
raspas de ½ **limão-siciliano**
½ colher (chá) de **sal**
2 colheres (chá) de **estragão** picado
½ colher (chá) de **mostarda de Dijon**
**pimenta-do-reino** moída na hora

Prepare o molho holandês: misture bem o iogurte, as gemas e o suco de limão em uma tigela refratária e leve ao fogo baixo em banho-maria.

Mexa vigorosamente por cerca de 15 minutos, até o molho engrossar. Acrescente as raspas de limão, o sal, o estragão e a mostarda e tempere a gosto com a pimenta-do-reino. Retire do fogo e reserve.

Ferva água em uma panela, despeje o vinagre e reduza o fogo até o mínimo. Quebre os ovos um a um na água e cozinhe-os por 3-4 minutos, ou até a clara ficar firme (a gema deve permanecer mole).

Distribua as torradas entre quatro pratos. Acomode sobre elas o salmão e, por cima, o ovo poché. Regue com o molho holandês. Guarneça com a cebolinha e sirva em seguida.

# REFOGADO DE BATATA E MILHO COM OVO FRITO

Além de proporcionar energia e relaxamento, combatendo o estresse, esse prato sacia o apetite rapidamente.

**Preparo:** 15 minutos
**Cozimento:** 30 minutos
**4 porções**

750 g de **batata** descascada e cortada em cubos
2 colheres (sopa) de **azeite**
1 **cebola** grande bem picada
1 **pimentão verde** grande sem sementes picado
1 colher (chá) de **páprica defumada**
200 g de **milho** em conserva escorrido
**azeite** em spray
4 **ovos** grandes
2 colheres (sopa) de **cebolinha** picada
**sal** e **pimenta-do-reino** moída na hora

Cozinhe a batata em uma panela grande com água e um pouco de sal por 12-15 minutos, até ficar macia. Escorra.

Aqueça o azeite em uma frigideira antiaderente grande em fogo médio e refogue a cebola e o pimentão por 7-8 minutos, mexendo de vez em quando, até dourar levemente.

Acrescente a batata cozida, a páprica e o milho; tempere a gosto e refogue por 3-4 minutos, mexendo continuamente. Coloque a frigideira em fogo alto, mantendo o cabo distante da chama. Grelhe por 2-3 minutos, até ficar crocante.

Unte uma frigideira grande com azeite em spray e leve ao fogo médio até ficar bem quente. Frite os ovos por 3 minutos, até as claras ficarem firmes e crocantes.

Sirva os ovos em seguida, polvilhados com cebolinha e acompanhados do refogado.

# MINIFRITADA DE ABOBRINHA E GORGONZOLA

Fonte de ácido fólico e de antioxidantes, essa minifritada é uma ótima opção de entrada ou de café da manhã.

**Preparo:** 10 minutos
**Cozimento:** 20 minutos
**4 porções**

2 colheres (sopa) de **azeite**
1 **abobrinha** grande picada finamente
3 **ovos**
150 ml de **leite**
150 g de **farinha com fermento** peneirada
250 g de **feijão-manteiga** cozido e escorrido
um punhado de **salsa** picada
3 **cebolinhas** picadas
325 g de **milho** em conserva escorrido
100 g de **gorgonzola** amassado
**sal** e **pimenta-do-reino** moída na hora
**ovos poché**, para servir

Aqueça metade do azeite em uma frigideira e refogue a abobrinha por 3-4 minutos, até ficar macia e dourar.

Bata os ovos com o leite e a farinha de trigo em uma tigela. Acrescente o feijão, a abobrinha refogada, a salsa, a cebolinha, o milho e o gorgonzola. Tempere a gosto.

Coloque o restante do azeite para aquecer em uma frigideira e vá despejando a massa aos poucos, uma colherada de cada vez. Achate as fritadas cuidadosamente com as costas de um garfo e deixe fritar por 1-2 minutos de cada lado, até dourar.

Repita a operação com o restante da massa, mantendo as fritadas prontas aquecidas em forno baixo. Sirva com ovos poché.

# FRITADA DE ABÓBORA-CHEIROSA E RICOTA

Sirva essa fritada apetitosa com torrada integral para valorizar o café da manhã.

**Preparo:** 10 minutos
**Cozimento:** 30 minutos
**4 porções**

1 colher (sopa) de **óleo de milho**
1 **cebola roxa** cortada em rodelas finas
450 g de **abóbora-cheirosa** cortada em cubos
8 **ovos**
1 colher (sopa) de **tomilho** picado
2 colheres (sopa) de **sálvia** picada
125 g de **ricota**
**sal** e **pimenta-do-reino** moída na hora
**torrada integral**, para servir (opcional)

Aqueça o óleo em uma frigideira refratária antiaderente grande em fogo médio-baixo e refogue a cebola com a abóbora. Tampe parcialmente e deixe cozinhar, mexendo frequentemente, por 18-20 minutos, até a abóbora ficar macia e dourar.

Bata ligeiramente os ovos com o tomilho, a sálvia e a ricota, tempere e acrescente à abóbora. Cozinhe por mais 2-3 minutos, até o ovo ficar quase firme, mexendo de vez em quando para não queimar no fundo.

Coloque a frigideira no forno preaquecido para grelhar e deixe por 3-4 minutos, ou até a fritada dourar. Corte em pedaços e sirva com torrada integral.

# HOMUS DE FEIJÃO-BRANCO COM PÃO SÍRIO

Tão nutritiva e saudável quanto a original, essa é uma variação do homus de grão-de-bico tradicional.

**Preparo:** 10 minutos
**12 porções**

250 g de **feijão-branco** cozido
125 g de **tahine**
100 ml de **suco de limão-siciliano**
raspas de 1 **limão-siciliano**
1 **dente de alho** amassado
uma pitada de **sal**
2 colheres (sopa) de **azeite**
2 colheres (sopa) de **salsa** picada (opcional)
1 **pão sírio integral** tostado e cortado em tiras, por porção

Escorra o feijão, reservando 2 colheres (sopa) do caldo, e bata no liquidificador ou processador com o tahine, o suco e as raspas de limão, o alho e o sal. Quando a pasta ficar homogênea, e ainda batendo, adicione metade do azeite e parte do caldo reservado, se for necessário diluir um pouco.

Transfira para uma tigela, borrifando o restante do azeite. Salpique com a salsa picada, se desejar, e sirva com tiras de pão sírio tostado. O homus pode ser guardado na geladeira, em recipiente hermético, por 3 dias.

# PATÊ DE CAVALINHA COM TORRADA DE CENTEIO

O ômega-3 da cavalinha estimula as funções do cérebro e é uma ótima opção para incluir mais peixe no seu cardápio.

**Preparo:** 15 minutos
**4 porções**

4 **filés de cavalinha em conserva de óleo**
50 g de **cream cheese**
100 g de **mascarpone**
100 g de **coalhada**
1 colher (chá) de **endro** picado
4 colheres (chá) de **molho de raiz-forte**
raspas e suco de 1 **limão-siciliano**
**pimenta-do-reino** moída na hora

**Para servir**
4 fatias finas de **pão de centeio** torradas
folhas de **radicchio**

Coloque 3 filés de cavalinha, o cream cheese, o mascarpone, a coalhada, o endro, a raiz-forte e as raspas de limão no liquidificador ou processador e bata até obter uma pasta uniforme. Transfira para uma tigela.

Desfie o filé de cavalinha restante e acrescente à pasta. Junte o suco de limão. Tempere com pimenta a gosto e misture bem.

Sirva com torradas de centeio e folhas de radicchio. O patê pode ser guardado na geladeira, em recipiente hermético, por 2 dias.

# CROSTINI DE ALHO ASSADO

Saboreie esse canapé crocante ao natural ou coberto com manjericão, tomate picado, patê de azeitona ou pimentão assado.

**Preparo:** 10 minutos
**Cozimento:** 45 minutos
**4 porções**

4 **cabeças de alho**
4 colheres (sopa) de **azeite**
1 colher (chá) de suco de **limão-siciliano**
8 fatias finas de **pão de centeio**
**sal** e **pimenta-do-reino** moída na hora

Coloque as cabeças de alho em uma assadeira e borrife-as com metade do azeite. Leve ao forno preaquecido a 190°C por 45-60 minutos, ou até ficarem macias.

Aproximadamente 15 minutos antes do final do cozimento, pincele as fatias de pão com o restante do azeite, acomode-as em uma assadeira e leve ao forno junto com o alho, até dourar e ficar crocantes.

Retire do forno e corte as cabeças de alho ao meio, no sentido horizontal. Remova a polpa com uma colher e coloque-a em uma vasilha. Acrescente o azeite que sobrou na assadeira, tempere a gosto e junte o suco de limão. Amasse até obter um purê e espalhe sobre os crostini. Sirva quente ou frio.

# PETISCO DE GERGELIM

Apesar do alto teor de açúcar, esse petisco é rico em nutrientes das sementes de gergelim. É só não abusar.

**Preparo:** 5 minutos, mais o tempo para esfriar
**Cozimento:** 10 minutos
**24 unidades**

200 g de **semente de gergelim** torrada
75 g de **açúcar mascavo**
250 ml de **mel**

Coloque todos os ingredientes em uma panela de fundo reforçado e leve ao fogo médio. Quando ferver, reduza o fogo e deixe a pasta engrossar, mexendo por 8-10 minutos, até dourar e ficar grudenta.

Transfira o caramelo para uma assadeira forrada com papel-manteiga, espalhe com uma espátula de metal e alise a superfície. Deixe esfriar por alguns minutos e corte em pedaços pequenos. Espere esfriar completamente antes de servir.

Os petiscos podem ser guardados em recipiente hermético por 2 semanas.

# ROLINHO DE SALMÃO DEFUMADO E ABACATE

Nesse prato, o salmão e o abacate promovem o bem-estar, enquanto a alga age sobre a tireoide, para dar mais energia.

**Preparo:** 25 minutos, mais o tempo para escorrer, descansar e esfriar
**Cozimento:** 15 minutos
**4 porções**

200 g de **arroz japonês**
250 ml de **água**
75 ml de **vinagre de arroz japonês**
2 colheres (sopa) de **açúcar**
½ colher (chá) de **sal**
6 folhas de **alga nori** cortadas em quatro
250 g de **salmão defumado** cortado em tiras
1 **abacate** cortado em fatias e regado com suco de limão-siciliano
½ colher (chá) de **wasabi**
1 colher (sopa) de **conserva japonesa de gengibre**
um punhado de folhas de **miniagrião**

**Para servir**
**wasabi**
**shoyu**

Lave bem o arroz, até a água sair limpa. Deixe escorrer por no mínimo 30 minutos.

Cozinhe o arroz com água em uma panela de fundo reforçado em fogo médio. Quando ferver, reduza o fogo, tampe e cozinhe por 12 minutos, até o arroz ficar macio. Retire a panela do fogo e deixe descansar, tampada, por 15 minutos.

Junte o vinagre de arroz, o açúcar e o sal em uma tigela. Espalhe o arroz sobre um prato raso, regue com o vinagre e misture. Cubra com um pano úmido e deixe esfriar.

Faça os rolinhos. Espalhe um pouco de arroz sobre cada quadrado de alga e acomode por cima um pedaço de salmão e uma fatia de abacate. Acrescente um toque de wasabi e um pouco de gengibre e agrião. Enrole, molhando as extremidades da alga com água para selar. Sirva cada porção acompanhada de uma tigelinha de shoyu e um pouco de wasabi.

# BARRA DE FIGO E DAMASCO

Essas barrinhas são ricas em nutrientes e têm carboidratos de lenta absorção, ideais para ter à mão.

**Preparo:** 10 minutos
**Cozimento:** 30 minutos
**12 unidades**

175 g de **manteiga**
100 g de **açúcar**
175 ml de **maple syrup**
200 g de **flocos de aveia**
50 g de **damasco seco** macio picado
25 g de **amêndoa** triturada
25 g de **amêndoa** picada
100 g de **uva-passa**
2 colheres (chá) de **semente de gergelim**
1 colher (chá) de **canela em pó**
6 **figos** maduros cortados em fatias finas

Leve uma panela grande ao fogo médio com 150 g de manteiga, o açúcar e o maple syrup, até a manteiga derreter e a mistura começar a borbulhar.

Adicione a aveia, o damasco, a amêndoa, a uva-passa, a semente de gergelim e a canela e misture bem.

Transfira para uma assadeira untada e pressione a superfície para obter uma camada uniforme, de no mínimo 1 cm de espessura. Distribua as fatias de figo e espalhe o restante da manteiga.

Leve ao forno preaquecido a 180°C por 25 minutos, ou até dourar levemente. Deixe esfriar na assadeira e corte em doze quadrados. Guarde as barras em recipiente hermético por até 1 semana.

# MUFFIN DE MORANGO E BANANA

Perfeito para o café da manhã ou o lanche da tarde, esse muffin feito com farinha integral ajuda a estabilizar o nível de açúcar no sangue.

**Preparo:** 10 minutos
**Cozimento:** 20 minutos
**12 unidades**

2 **ovos** ligeiramente batidos
100 g de **purê de maçã**
4 colheres (sopa) de **óleo de canola**
175 g de **açúcar mascavo escuro**
2 colheres (chá) de **extrato de baunilha**
2 colheres (chá) de **canela em pó**, mais um pouco para polvilhar
¼ de colher (chá) de **sal**
3 **bananas** bem maduras amassadas
250 g de **farinha de trigo integral**
1 colher (chá) de **bicarbonato de sódio**
½ colher (chá) de **fermento em pó**
250 g de **morango** fresco ou congelado fatiado

Junte os ovos, o purê de maçã, o óleo de canola, o açúcar, a baunilha, a canela, o sal e a banana em uma tigela e misture bem.

Misture a farinha de trigo, o bicarbonato de sódio e o fermento em pó em outra tigela e incorpore o purê ligeiramente, evitando misturar demais para os bolinhos não ficarem pesados. Acrescente o morango.

Distribua a massa em uma fôrma para muffins com 12 cavidades forradas com forminhas de papel. Polvilhe com um pouco de canela.

Leve ao forno preaquecido a 190°C por 20 minutos, ou até crescer e dourar. Retire da fôrma e deixe esfriar sobre uma grade de metal. Os muffins podem ser guardados em recipiente hermético por 4 dias.

# VITAMINA DE MIRTILO E HORTELÃ

Versáteis e fáceis de preparar, vitaminas são sempre uma ótima opção para um café da manhã nutritivo ou um lanche rápido.

**Preparo:** 10 minutos
**4 porções**

um maço grande de **hortelã**
400 g de **mirtilo** congelado
600 ml de **leite de soja**

Reserve algumas folhas de hortelã para decorar. Bata o restante do maço no liquidificador ou processador com o mirtilo e o leite de soja, até misturar bem.

Divida entre quatro copos altos, decore com a hortelã reservada e sirva em seguida.

# BISCOITO DE BANANA E SEMENTE DE GIRASSOL

Se preferir, substitua a metade da semente de girassol nesse biscoito pela mesma quantidade de chocolate amargo.

**Preparo:** 10 minutos, mais o tempo para gelar
**Cozimento:** 15 minutos
**36 unidades**

200 g de **farinha de trigo**
1 colher (chá) de **bicarbonato de sódio**
2 **bananas** bem maduras amassadas
125 g de **manteiga** em temperatura ambiente
100 g de **açúcar mascavo claro**
1 colher (chá) de **extrato de baunilha**
125 g de **semente de girassol**

Misture a farinha de trigo e o bicarbonato de sódio em uma tigela e reserve. Coloque a banana, a manteiga, o açúcar e a baunilha em uma tigela grande e bata até obter uma pasta macia e uniforme.

Junte a farinha reservada à banana, aos poucos, até incorporar bem. Acrescente a semente de girassol. Cubra a tigela com filme de PVC e refrigere por 1 hora.

Distribua pequenas porções da massa de biscoito em duas assadeiras forradas com papel-manteiga. Leve ao forno preaquecido a 180°C por cerca de 12 minutos, ou até dourar levemente. Mantenha nas assadeiras por alguns minutos e transfira os biscoitos para uma grade de metal para esfriar completamente. Conserve em recipiente hermético por 1 semana.

# SCONE DE TOMATE SECO E AZEITONA

Esse scone, típico da culinária inglesa, é preparado com farinha de trigo integral e ajuda a manter o nível de energia em alta.

**Preparo:** 15 minutos, mais o tempo para esfriar
**Cozimento:** 12 minutos
**8 unidades**

250 g de **farinha de trigo integral**, mais um pouco para polvilhar
1 colher (chá) de **fermento em pó**
1 colher (chá) de **bicarbonato de sódio**
75 g de **manteiga** cortada em cubos
25 g de **azeitona** sem caroço picada
8 **tomates secos** picados
1 colher (sopa) de **salsa** picada
1 **ovo** grande batido
4 colheres (sopa) de **iogurte natural**, mais um pouco para pincelar

Bata a farinha de trigo, o fermento em pó, o bicarbonato de sódio e a manteiga no liquidificador ou processador, no modo pulsar, até obter uma massa esfarelada. Se preferir, misture com as mãos.

Adicione a azeitona, o tomate e a salsa. Acrescente o ovo e o iogurte e misture bem, usando uma espátula.

Transfira a massa para uma superfície enfarinhada e pressione-a, até ficar com 2,5 cm de espessura. Use um cortador de biscoitos de 5 cm de diâmetro para cortar os scones, retrabalhando as sobras de massa, se necessário.

Distribua os scones em uma assadeira enfarinhada, pincele com o iogurte e leve ao forno preaquecido a 220°C por aproximadamente 12 minutos, ou até crescer e dourar. Deixe esfriar sobre uma grade de metal.

# SOPA DE LENTILHA E ERVILHA

A lentilha é uma leguminosa versátil, que traz inúmeros benefícios à saúde. Nessa sopa ela recebe o reforço da ervilha e o perfume das ervas aromáticas.

**Preparo:** 15 minutos
**Cozimento:** 25 minutos
**4 porções**

1 colher (chá) de **azeite**
1 **alho-poró** cortado em rodelas finas
1 **dente de alho** amassado
250 g de **lentilha** cozida e escorrida
900 ml de **caldo de legumes**
2 colheres (sopa) de **ervas mistas** picadas, como tomilho, orégano, estragão, hortelã e salsa
200 g de **ervilha congelada**
2 colheres (sopa) de **coalhada**
2 colheres (sopa) de **hortelã** picada
**sal** e **pimenta-do-reino** moída na hora

Aqueça o azeite em uma panela grande em fogo médio e adicione o alho e o alho-poró. Refogue por 5-6 minutos, até ficar macio.

Acrescente a lentilha, o caldo e as ervas. Quando levantar fervura, tampe e deixe ferver em fogo baixo por 10 minutos. Junte a ervilha e cozinhe por mais 5 minutos.

Retire do fogo, deixe esfriar um pouco, transfira metade da sopa para o liquidificador ou processador e bata até ficar uniforme. Recoloque na panela e mexa, para misturar com a sopa não liquefeita. Aqueça tudo e tempere a gosto.

Misture bem a coalhada com a hortelã. Distribua a sopa em tigelinhas preaquecidas e sirva em seguida, acompanhada da coalhada.

# SOPA DE COUVE E HORTELÃ

Essa sopa consistente, cremosa e cheia de nutrientes tem efeito calmante, além de ser muito saborosa.

**Preparo:** 15 minutos
**Cozimento:** 30 minutos
**4 porções**

2 colheres (sopa) de **manteiga**
2 colheres (sopa) de **azeite**
1 **cebola** grande picada
2 **dentes de alho** picados
3 **batatas** sem casca e picadas
250 g de **feijão-manteiga** cozido e escorrido
1,2 litro de **caldo de frango**
300 g de **couve** rasgada sem os talos
4 colheres (sopa) de **hortelã** picada, mais algumas folhas para guarnecer
**sal** e **pimenta-do-reino** moída na hora

**Para servir**
**pão de centeio** torrado
6 colheres (sopa) de **iogurte natural** (opcional)

Aqueça a manteiga e o azeite em uma panela grande em fogo médio e acrescente a cebola. Refogue por cerca de 5 minutos, até começar a murchar, e adicione o alho e a batata.

Junte o feijão e o caldo de sua escolha, deixe levantar fervura, abaixe o fogo e cozinhe por 15 minutos, mexendo sempre e retirando a espuma de vez em quando. Acrescente a couve e a hortelã e continue a cozinhar por mais 5 minutos, até os legumes ficarem macios.

Retire do fogo, deixe esfriar ligeiramente, transfira para o liquidificador ou processador e bata até ficar uniforme. Tempere a gosto e distribua em tigelinhas preaquecidas. Guarneça com folhas de hortelã e sirva com torradas de centeio e um toque de iogurte, se desejar.

# SOPA DE PERU COM LIMÃO E CEVADA

Leve e reconfortante, essa sopa leva cevada, cereal nutritivo e energético, e peru, que vai ajudar você a se sentir relaxado.

**Preparo:** 15 minutos
**Cozimento:** 40 minutos
**4 porções**

2 colheres (sopa) de **azeite**
1 **cebola** grande bem picada
3 **dentes de alho** bem picados
1 colher (chá) de **cúrcuma em pó**
½ colher (chá) de **canela em pó**
½ colher (chá) de **cominho em pó**
½ colher (chá) de **cardamomo** moído
1 cm de **gengibre** descascado e bem picado
raspas e suco de 2 **limões-sicilianos**
1,2 litro de **caldo de galinha**
150 g de **cevada**
300 g de **peru cozido** desfiado
75 g de **coentro** fresco picado, mais um pouco para guarnecer
**sal** e **pimenta-do-reino** moída na hora

Aqueça o azeite em uma panela grande em fogo médio-baixo e refogue a cebola até começar a dourar. Junte o alho, refogue por mais 1 minuto e acrescente a cúrcuma, a canela, o cominho, o cardamomo e o gengibre.

Adicione as raspas e o suco de limão, depois o caldo e deixe levantar fervura. Reduza o fogo e acrescente a cevada. Tampe e cozinhe por cerca de 25 minutos, mexendo de vez em quando, até a cevada estar cozida, mas ainda firme.

Acrescente o peru e o coentro e tempere a gosto. Tampe a panela e cozinhe por mais 5 minutos. Transfira a sopa para tigelas preaquecidas e guarneça com o coentro picado.

# SOPA DE BRÓCOLIS E AMÊNDOA

Com ômega, que estimula o cérebro e protege contra os efeitos do estresse, essa sopa é uma ótima opção para o jantar.

**Preparo:** 15 minutos
**Cozimento:** 20 minutos
**4 porções**

25 g de **manteiga**
1 **cebola** picada grosseiramente
500 g de **brócolis** picados grosseiramente
40 g de **amêndoa** triturada
900 ml de **caldo de legumes**
2 colheres (chá) de **tomilho seco**
300 ml de **leite**
**sal** e **pimenta-do-reino** moída na hora

**Para servir**
15 g de **manteiga**
25 g de **amêndoa** laminada
6 colheres (sopa) de **iogurte natural**

Aqueça a manteiga em uma panela grande em fogo médio e adicione a cebola. Refogue ligeiramente por 5 minutos ou até começar a murchar. Junte os brócolis e misture até recobri-los de manteiga. Acrescente a amêndoa triturada, o caldo e o tomilho e tempere a gosto.

Quando levantar fervura, reduza o fogo, tampe e deixe ferver em fogo baixo por 10 minutos, até os brócolis ficarem macios, mas sem perder a cor.

Prepare a guarnição. Aqueça a manteiga em uma frigideira, acrescente a amêndoa laminada e toste por alguns minutos, mexendo sempre, até dourar.

Retire a sopa do fogo, deixe esfriar ligeiramente e transfira-a aos poucos para o liquidificador ou processador. Bata até obter um creme fino e salpicado de verde.

Leve a sopa de volta para a panela e adicione o leite. Reaqueça e tempere a gosto. Transfira a sopa para tigelas preaquecidas, guarneça com um pouco de iogurte e finalize com a amêndoa tostada. Sirva em seguida.

# CALDO DE MISSÔ COM CAMARÃO

Com camarão, que aumenta a imunidade e a libido, e gengibre, poderoso energético, esse caldo pode substituir um almoço.

**Preparo:** 10 minutos
**Cozimento:** 10 minutos
**6 porções**

4 **cebolinhas** cortadas em rodelas finas
1,5 cm de **gengibre** bem picado
½ **pimenta vermelha** grande sem sementes cortada em fatias finas
1 ½ litro de **caldo de peixe**
3 colheres (sopa) de **missô**
2 colheres (sopa) de **mirin**
1 colher (sopa) de **shoyu**
100 g de **acelga** fatiada finamente
2 colheres (sopa) de **coentro** fresco picado
150 g de **camarão** cozido e sem casca
1 **abacate** pequeno picado

Coloque a parte branca das cebolinhas em uma panela juntamente com o gengibre, a pimenta vermelha, o caldo, o missô, o mirin e o shoyu. Quando levantar fervura, cozinhe em fogo baixo por 5 minutos.

Acrescente a parte verde das cebolinhas, a acelga, o coentro e o camarão e cozinhe por 2-3 minutos, ou até a acelga murchar. Transfira o caldo para tigelas preaquecidas e adicione o abacate picado. Sirva em seguida.

# SALADA DE QUEIJO DE CABRA, MAÇÃ E BRÓCOLIS

Um prato nutritivo e ideal para ativar o bom humor. Sirva no almoço ou como entrada no jantar.

**Preparo:** 20 minutos
**Cozimento:** 5 minutos
**4 porções**

1 colher (sopa) de **azeite**, mais um pouco para pincelar
1 colher (sopa) de **suco de limão-siciliano**
1 colher (chá) de **tomilho seco**
100 g de **folhas verdes mistas**
1 maço de **brócolis** cortado em buquezinhos
2 **maçãs verdes** descascadas cortadas em fatias finas
100 g de **queijo de cabra** cortado em fatias de 1 cm
4 colheres (sopa) de **mel**
**sal** e **pimenta-do-reino** moída na hora

Misture o azeite, o suco de limão e o tomilho em uma tigela pequena e tempere com sal e pimenta a gosto. Disponha as folhas de salada, os brócolis e metade das fatias de maçã em uma travessa. Adicione o tempero e misture bem.

Coloque o queijo de cabra em uma assadeira ligeiramente untada e pincele-o com um pouco de azeite. Leve ao forno preaquecido a 200°C por cerca de 5 minutos, ou até começar a dourar.

Bata o mel e o restante da maçã no processador ou liquidificador até obter um purê uniforme. Transfira para uma panela pequena e leve ao fogo por 2-3 minutos, até aquecer um pouco.

Finalize a salada com as fatias de queijo quente e a mistura de mel e maçã. Tempere com a pimenta-do-reino e sirva.

# SALADA DE FIGO, FRAMBOESA E PRESUNTO CRU

Doce e salgada, essa salada fresca, fácil de preparar, é rica em fibras, proteínas e antioxidantes.

**Preparo:** 5 minutos
**4 porções**

150 g de **rúcula** e **folhas de beterraba**
6 **figos** maduros cortados ao meio
150 g de **framboesa**
8 fatias de **presunto cru**
2 colheres (sopa) de **vinagre balsâmico**
2 colheres (sopa) de **azeite**
300 g de **muçarela de búfala**

Arranje as folhas da salada em uma travessa e acrescente o figo, a framboesa e o presunto. Bata juntos o vinagre e o azeite para o tempero.

Corte a muçarela em pedaços grandes e disponha sobre a salada. Adicione o tempero e sirva em seguida.

# CARNE ROSADA E SALADA DE MINIBETERRABA

A carne é rica em ferro e o molho de raiz-forte é um digestivo natural, que confere sabor picante à salada.

**Preparo:** 20 minutos
**Cozimento:** 25 minutos
**4 porções**

250 g de **minibeterraba**
400 g de **alcatra magra** aparada
2 colheres (chá) de **azeite**
raspas de 1 **limão-siciliano**
1 **dente de alho** bem picado
2 colheres (sopa) de **cebolinha** picada
175 g de **vagem** picada
10 **rabanetes** cortados em fatias finas
50 g de **nozes** picadas
125 g de **salada verde mista**
1½ colher (sopa) de **suco de limão**
1 colher (chá) de **molho de raiz-forte**
1 colher (chá) de **mel**
3 colheres (sopa) de **creme de leite fresco com gotas de limão**
**sal** e **pimenta-do-reino** moída na hora

Cozinhe a beterraba em água levemente salgada por 15-25 minutos, ou até ficar macia.

Coloque a carne em um prato raso e junte o azeite, as raspas de limão, o alho, metade da cebolinha e bastante pimenta-do-reino. Misture bem.

Cozinhe a vagem em outra panela com água fervente levemente salgada por 1-2 minutos, até ficar macia.

Aqueça uma frigideira canelada em fogo médio e grelhe a carne por 1 minuto de cada lado, de modo que doure por fora, mas se mantenha rosada por dentro. Deixe descansar em local aquecido.

Escorra a beterraba, corte-a em gomos e junte a vagem, o rabanete, as nozes e as folhas verdes. Monte a salada em pratos de servir.

Misture o suco de limão, a raiz-forte, o mel, o creme de leite com limão e o restante da cebolinha em uma tigela e tempere a gosto. Corte a carne em fatias finas e disponha a salada sobre elas. Adicione o molho de raiz-forte e sirva em seguida.

# SALADA DE MACARRÃO COM PERU E AMENDOIM

Aves e amendoins contêm proteínas de alta qualidade e ajudam a elevar o nível de serotonina, que promove o bem-estar.

**Preparo:** 15 minutos
**Cozimento:** 15 minutos
**4 porções**

350 g de **macarrão de arroz**
100 g de **ervilha-torta**
100 g de **miniespiga de milho**
1 colher (sopa) de **óleo de gergelim**
1 colher (chá) de **azeite**
625 g de **peru** sem osso, sem pele e cortado em cubos
3 colheres (sopa) de **molho de pimenta-doce**
1 colher (sopa) de **shoyu**
4 **cebolinhas** bem picadas
100 g de **amendoim** ligeiramente tostado
75 g de **coentro** fresco picado grosseiramente

**Para o tempero**
1 colher (sopa) de **azeite**
1 colher (sopa) de **molho de peixe tailandês**
1 colher (chá) de **molho de pimenta bem picante**
1 colher (sopa) de **shoyu**
1 **dente de alho** bem picado
raspas e suco de 2 **limões**

Cozinhe o macarrão em água fervente e sal. Escorra bem. Cozinhe a ervilha e a miniespiga em água fervente levemente salgada por 2-3 minutos. Escorra e mergulhe em água fria.

Aqueça uma frigideira grande ou wok em fogo médio, coloque o óleo de gergelim e o azeite e refogue o peru até dourar. Acrescente o molho de pimenta-doce e o shoyu. Mantenha no fogo por mais 4-5 minutos, ou até o peru ficar bem cozido.

Junte todos os ingredientes do tempero em um vidro com tampa de rosca e agite vigorosamente, até misturar bem. Transfira o macarrão, a ervilha e a miniespiga para uma tigela grande, adicione o tempero e misture.

Acrescente a cebolinha, o amendoim, o coentro e o peru e volte a misturar, delicadamente. Sirva quente ou em temperatura ambiente.

# SALADA DE BETERRABA, UVA E QUEIJO FETA

A acidez da uva, o sal do feta e o açúcar da beterraba formam um trio imbatível de antioxidantes, que proporciona bem-estar.

**Preparo:** 20 minutos
**Cozimento:** 25 minutos
**4 porções**

8 **beterrabas** grandes cortadas em pedaços
2 colheres (sopa) de **azeite**
150 g de **bago de uva** cortado ao meio
100 g de **folhas verdes mistas**
4 **cebolinhas** bem picadas
2 colheres (sopa) de **azeite extravirgem**
2 colheres (sopa) de **vinagre balsâmico**
1 colher (chá) de **tomilho seco**
150 g de **queijo feta** amassado
50 g de **pinhole** ligeiramente tostado
**sal** e **pimenta-do-reino** moída na hora

Coloque os pedaços de beterraba em uma assadeira antiaderente, regue com o azeite, tempere a gosto e misture bem.

Leve ao forno preaquecido a 200°C por cerca de 25 minutos, virando os pedaços uma ou duas vezes. Aproximadamente 10 minutos antes do final do cozimento, acrescente metade da uva e asse até começar a dourar.

Monte a salada em quatro pratos e salpique as folhas com a cebolinha. Em uma tigela pequena, misture o azeite extravirgem, o vinagre balsâmico e o tomilho. Tempere a gosto.

Retire a beterraba e a uva do forno, deixe esfriar ligeiramente e disponha sobre a salada de folhas. Espalhe o restante da uva, o queijo feta e o pinhole por cima e misture delicadamente. Adicione o tempero balsâmico e sirva em seguida.

# SALADA NIÇOISE COM ALCACHOFRA E ASPARGO

Essa salada é rica em proteína, que estabiliza o nível de açúcar no sangue e sacia o apetite.

**Preparo:** 15 minutos
**Cozimento:** 2 minutos
**4 porções**

12-16 **pontas de aspargo** aparadas
1 **alface-romana** grande rasgada grosseiramente
4 **ovos** cozidos cortados em quatro
12 **corações de alcachofra** em conserva cortados ao meio
200 g de **atum em conserva de água**, escorrido e desfiado
16 **azeitonas pretas** sem caroço
16 **tomates-cereja** cortados ao meio
1 **abacate** grande picado
**pão de trigo integral**, para servir (opcional)

**Para o tempero**
4 colheres (sopa) de **vinagre de vinho tinto**
1 colher (chá) de **mostarda de Dijon**
125 ml de **azeite**
2 **dentes de alho** amassados
1 colher (chá) de **tomilho seco**
1 colher (chá) de **mel**
**sal** e **pimenta-do-reino** moída na hora

Cozinhe o aspargo no vapor por 2 minutos e mergulhe-o em água fria. Junte todos os ingredientes do tempero em um vidro com tampa de rosca e agite vigorosamente, até misturar bem.

Arrume a alface em uma tigela ou travessa grande e, sobre ela, os ovos, a alcachofra, o atum, a azeitona, o tomate, o abacate e, por último, o aspargo. Adicione o tempero e misture delicadamente. Sirva com pão integral aquecido e crocante, se desejar.

# SALADA DE TOMATE, TOFU E PIMENTÃO

A soja é um excelente regulador de hormônios, enquanto o pimentão picante ajuda na digestão.

**Preparo:** 10 minutos
**4 porções**

4 **tomates-caqui** cortados em fatias finas
250 g de **tofu** amassado
100 g de **pimentão picante** em conserva escorrido e cortado em fatias
6 colheres (sopa) de **cebolinha** picada
4 colheres (sopa) de **salsa** picada
50 g de **pinhole** tostado
75 g de **uva-passa branca**
8 colheres (sopa) de **azeite**
4 colheres (sopa) de suco de **limão-siciliano**
4 colheres (chá) de **açúcar**
**sal** e **pimenta-do-reino** moída na hora
**pão de trigo integral**, para servir (opcional)

Distribua as fatias de tomate em quatro pratos e tempere a gosto. Em uma tigela, junte o tofu com o pimentão, a cebolinha, a salsa, o pinhole e as passas e misture bem.

Bata o azeite com o suco de limão e o açúcar e tempere levemente. Coloque o tempero na tigela com o tofu, misture e disponha sobre as fatias de tomate. Sirva com pão integral, se desejar.

# SALADA QUENTE ARCO-ÍRIS

Deliciosa, perfumada e repleta de nutrientes, essa salada quente combina vários legumes saudáveis.

**Preparo:** 20 minutos
**Cozimento:** 20-25 minutos
**4 porções**

300 g de **batata bolinha**
1 **pimentão vermelho** sem sementes cortado em fatias
1 **pimentão amarelo** sem sementes cortado em fatias
1 colher (sopa) de **azeite**
1 colher (sopa) de **tomilho** picado
1 **beterraba** grande ralada grosseiramente
1 **cenoura** grande ralada grosseiramente
1 **abacate** grande picado
150 g de **folhas de salada coloridas**
4 colheres (sopa) de **nozes** trituradas
**sal** e **pimenta-do-reino** moída na hora

**Para o tempero**
2 colheres (sopa) de **azeite extravirgem**
1 colher (sopa) de **vinagre de echalota**
1 colher (sopa) de **mostarda de Dijon**
uma pitada de **açúcar**

Coloque as batatas e os pimentões em uma assadeira grande, regue com o azeite, salpique com o tomilho e tempere a gosto. Misture bem e asse em forno preaquecido a 190°C por 20-25 minutos, até ficarem macios.

Junte a beterraba, a cenoura e o abacate às folhas de salada e distribua entre quatro pratos. Misture todos os ingredientes do tempero em um vidro com tampa de rosca e agite vigorosamente.

Disponha os legumes quentes nos pratos, sobre a salada, e adicione o tempero. Espalhe as nozes por cima e sirva em seguida.

# VIEIRA COM GENGIBRE E ASPARGO

Além de aumentar a virilidade, a libido e a imunidade, as vieiras proporcionam energia e equilibram o açúcar no sangue.

**Preparo:** 10 minutos, mais o tempo para marinar
**Cozimento:** 10 minutos
**4 porções**

12 **vieiras** grandes
2 **cebolinhas** bem picadas
raspas de 1 **limão**
1 colher (sopa) de **licor de gengibre**
2 colheres (sopa) de **azeite**, mais um pouco para temperar
250 g de pontas de **aspargo**
2 colheres (sopa) de **suco de limão**
dois punhados grandes de **folhas de salada verdes**
um punhado de **cerefólio**
**sal** e **pimenta-do-reino** moída na hora

Lave e seque as vieiras. Corte-as ao meio, no sentido horizontal, e coloque-as em uma tigela pequena com a cebolinha, as raspas de limão, o licor de gengibre e metade do azeite. Tempere a gosto, misture bem e deixe marinar por 15 minutos.

Cozinhe o aspargo em banho-maria, em fogo baixo, por 5-8 minutos. Misture o restante do azeite e o suco de limão, tempere a gosto e mantenha-os aquecidos.

Aqueça uma frigideira antiaderente grande e grelhe as vieiras por 1 minuto de cada lado, ou até ficarem douradas e cozidas por igual. Acrescente o líquido da marinada e retire do fogo.

Disponha o aspargo, a salada de folhas e o cerefólio em quatro pratos. Acomode as vieiras por cima, regue com o caldo da frigideira e sirva em seguida.

# TORTA DE CAVALINHA E ASPARGO

A cavalinha e o aspargo são alimentos ricos em nutrientes que estimulam o bom humor e as funções cerebrais.

**Preparo:** 20 minutos, mais o tempo para gelar
**Cozimento:** 30-40 minutos
**4 porções**

8 pontas de **aspargos** aparadas
250 g de **cavalinha em conserva de óleo**
2 **ovos**
100 ml de **leite**
2 colheres (sopa) de **endro** bem picado
100 ml de **creme de leite fresco**
**sal** e **pimenta-do-reino** moída na hora

**Para a massa**
200 g de **farinha de trigo**, mais um pouco para polvilhar
75 g de **manteiga** gelada e cortada em cubinhos
1 **ovo**, mais 1 **gema**

Trabalhe a massa delicadamente por 1 minuto, até ficar lisa. Envolva-a em filme de PVC e refrigere por no mínimo 30 minutos.

Abra a massa sobre uma superfície enfarinhada até a espessura de 2,5 mm e forre uma fôrma redonda de metal com 25 cm de diâmetro. Refrigere por 1 hora.

Coloque uma folha de papel-manteiga sobre a base de massa, cubra com feijão cru e leve ao forno preaquecido a 180°C por 10-12 minutos, até dourar ligeiramente. Retire o feijão e o papel-manteiga e asse por mais 2 minutos.

Cozinhe o aspargo no vapor por 3-4 minutos e mergulhe-o em água fria. Corte cada um em três pedaços.

Escorra o peixe, desfie e espalhe-o sobre a base de massa. Bata os ovos com o leite, o endro e o creme de leite e tempere a gosto. Acrescente o aspargo e despeje o creme cuidadosamente sobre o peixe desfiado. Leve de volta ao forno por 20-25 minutos, até o recheio firmar. Sirva em pratos preaquecidos.

# SALMÃO EM CROSTA DE GERGELIM

Esse prato saudável e restaurador combina salmão, rico em ômega-3, e sementes de gergelim, com ação antidepressiva.

**Preparo:** 10 minutos
**Cozimento:** 12-15 minutos
**4 porções**

4 colheres (sopa) de **semente de gergelim**
1 colher (chá) de **pimenta vermelha em flocos**
4 **filés de salmão** com cerca de 100 g cada
2 colheres (chá) de **azeite**
2 **cenouras** cortadas em palitos
2 **pimentões vermelhos** sem sementes cortados em fatias finas
200 g de **shiitake** cortado ao meio
2 **acelgas** cortadas em quatro no sentido do comprimento
4 **cebolinhas** picadas
1 colher (sopa) de **shoyu**
**arroz basmati**, para servir

Misture as sementes de gergelim e a pimenta vermelha em um prato e pressione os filés de salmão sobre essa mistura, para recobrir bem.

Aqueça metade do azeite em uma frigideira antiaderente em fogo médio. Grelhe o salmão por 3-4 minutos de cada lado. Retire da frigideira e mantenha aquecido.

Coloque o restante do azeite para aquecer em uma panela em fogo alto e salteie os vegetais por 3-4 minutos, até ficarem cozidos. Coloque o shoyu sobre os vegetais e sirva com o salmão e o arroz basmati.

# FILÉ DE CAVALINHA COM COBERTURA DE AVEIA

Ricos em gorduras saudáveis, os filés de cavalinha combinam com a aveia em uma refeição rápida e deliciosa.

**Preparo:** 15 minutos
**Cozimento:** 5 minutos
**4 porções**

4 **filés de cavalinha** grandes sem espinhas
2 colheres (chá) de **mostarda de Dijon**
2 colheres (chá) de **molho de raiz-forte**
raspas de ½ **limão-siciliano**
½ colher (chá) de **sal**
½ colher (chá) de **pimenta-do-reino** moída na hora
5 colheres (sopa) de **flocos de aveia**
2 colheres (sopa) de **manteiga**

**Para servir**
**agrião**
**brócolis** cozido no vapor
gomos de **limão-siciliano**

Coloque os filés de cavalinha sobre a bancada com a pele voltada para baixo e seque-os com papel-toalha. Misture a mostarda, a raiz-forte, as raspas de limão, o sal e a pimenta-do-reino em uma tigela pequena. Espalhe a pasta de mostarda sobre os filés e cubra com a aveia. Pressione firmemente.

Aqueça a manteiga em uma frigideira grande em fogo médio. Quando começar a espumar, acrescente os filés, com o lado da aveia voltado para baixo, e frite por 2-3 minutos.

Com cuidado, vire o peixe e frite o outro lado por mais 1-2 minutos, até ficar bem cozido. Sirva os filés sobre uma camada de agrião, acompanhados de brócolis e gomos de limão.

# TOFU FRITO COM CAMARÃO E MACARRÃO DE ARROZ

Esse prato tem tudo para você se sentir bem: o camarão é rico em zinco e o macarrão de arroz e o shoyu levantam o humor.

**Preparo:** 10 minutos, mais o tempo para descansar
**Cozimento:** 10 minutos
**4 porções**

500 g de **tofu**
6 colheres (sopa) de **shoyu**
2 colheres (sopa) de **mel**
2 colheres (sopa) de **óleo de amendoim**
300 g de **cebolinha** picada
625 g de **macarrão de arroz** cozido
400 g de **camarão** descascado e cozido
8 colheres (sopa) de **molho hoisin**
75 g de **coentro** fresco picado

Seque o tofu com papel-toalha e corte-o em cubos de 2 cm. Misture o shoyu com o mel em uma tigela pequena, acrescente o tofu e mexa delicadamente. Deixe descansar por 5 minutos.

Escorra os cubos de tofu, reservando a marinada, e seque-os com papel-toalha. Aqueça o óleo em uma frigideira grande em fogo alto e frite o tofu por 5 minutos, mexendo sempre, até ficar crocante e dourar. Retire da frigideira e mantenha aquecido.

Leve a cebolinha à frigideira e refogue ligeiramente, mexendo sempre, até ficar macia. Acrescente o tofu, o macarrão de arroz e os camarões e mexa por 2 minutos, até aquecer bem.

Adicione o molho hoisin à marinada reservada. Despeje sobre o tofu, misture bem, acrescente o coentro picado e sirva em seguida.

# TRILHA COM SALADA DE TOMATE E ALCAPARRA

A trilha, peixe leve e rico em nutrientes, é ótimo complemento para essa salada de tomate com ação antiestresse.

**Preparo:** 20 minutos
**Cozimento:** 10 minutos
**4 porções**

8 **filés de trilha** pequenos
raspas de 1 **limão-siciliano**
2 colheres (chá) de **minialcaparras** lavadas e escorridas
2 **cebolinhas** picadas
375 g de **tomate-cereja vermelho** e **amarelo**
150 g de **vagem** aparada
2 **dentes de alho** bem picados
50 g de **filé de aliche** drenado e picado
1 colher (sopa) de **azeite**
2 colheres (sopa) de **suco de limão-siciliano**
2 colheres (sopa) de **salsa** picada
**sal** e **pimenta-do-reino** moída na hora
**alcaparra**, para guarnecer

Corte quatro retângulos grandes de papel-alumínio e forre-os com papel-manteiga. Coloque 2 filés de trilha em cada pedaço de papel. Salpique os filés com as raspas de limão, a alcaparra e a cebolinha e tempere a gosto. Dobre as laterais maiores do papel, unindo-as ao centro, e torça as extremidades para selar. Transfira os pacotinhos para uma assadeira.

Coloque os tomates-cereja em um refratário com a vagem, o alho, o aliche, o azeite e o suco de limão. Tempere a gosto e misture bem. Asse em forno preaquecido a 200°C por cerca de 10 minutos, até ficarem macios. Ao mesmo tempo, coloque o peixe no forno e asse por 8-10 minutos, até a carne se desmanchar com facilidade ao ser pressionada com um garfo.

Disponha os legumes e o peixe em pratos preaquecidos. Acrescente a salsa picada, guarneça com as alcaparras e sirva em seguida.

# ENSOPADO DE FRANGO E AMENDOIM COM ARROZ INTEGRAL

Essa é uma adaptação de um prato tradicional de Gana, fácil de fazer. As crianças vão adorar.

**Preparo:** 10 minutos
**Cozimento:** 30-35 minutos
**4 porções**

1 **cebola** picada grosseiramente
3 **dentes de alho** picados grosseiramente
5 cm de **gengibre** descascado e picado grosseiramente
1 **pimenta vermelha** sem sementes picada grosseiramente
2 colheres (sopa) de **azeite**
8 **sobrecoxas de frango** sem pele e sem osso cortadas em pedaços pequenos
400 g de **tomate em conserva** picado
600 ml de **caldo de galinha**
4 colheres (sopa) de **pasta de amendoim**
**sal** e **pimenta-do-reino** moída na hora
**arroz integral,** para servir
25 g de **amendoim** torrado, para decorar

Bata a cebola, o alho, o gengibre e a pimenta no liquidificador ou processador até obter uma pasta uniforme. Aqueça o azeite em uma panela grande em fogo médio, acrescente a pasta de cebola e deixe refogar por 2-3 minutos, até começar a exalar aroma.

Adicione o frango e refogue por mais 2-3 minutos, mexendo de vez em quando, até dourar por igual. Junte o tomate e o caldo e deixe ferver em fogo baixo, sem tampar, por 15-20 minutos, até o frango cozinhar.

Acrescente a pasta de amendoim e cozinhe por mais 5 minutos. Tempere a gosto e coloque sobre o arroz integral. Espalhe o amendoim torrado e sirva em seguida.

# BIRYANI DE COUVE-FLOR E PERU

Esse prato, de origem indiana, combina peru, que promove o relaxamento, e couve-flor, rica em vitamina C.

**Preparo:** 20 minutos
**Cozimento:** 35 minutos
**4 porções**

300 g de **peito de peru** sem osso e sem pele, cortado em cubos
1 **couve-flor** pequena cortada em floretes
1 **cebola** cortada em fatias finas
4 colheres (sopa) de **óleo de amendoim**
2 folhas de **louro**
3 bagas de **cardamomo** amassadas
300 g de **arroz basmati**
750 ml de **caldo de galinha**
1 colher (sopa) de **semente de cominho**
**sal** e **pimenta-do-reino** moída na hora

**Para a marinada**
1 **cebola** picada grosseiramente
2 **dentes de alho** picados
25 g de **gengibre** picado
2 colheres (chá) de **cúrcuma em pó**
¼ de colher (chá) de **cravo em pó**
½ colher (chá) de **pimenta vermelha em flocos**
¼ de colher (chá) de **canela em pó**
2 colheres (chá) de **pasta de curry**
1 colher (sopa) de **suco de limão-siciliano**
2 colheres (chá) de **açúcar**

**Para guarnecer**
1 **cebola** cortada em rodelas finas
2 colheres (sopa) de **amêndoa laminada**

Bata todos os ingredientes da marinada no liquidificador ou processador até obter uma pasta uniforme. Transfira para uma tigela grande, acrescente o peru, tempere a gosto e reserve.

Para guarnecer, aqueça 1 colher (sopa) do óleo em uma frigideira grande em fogo médio e refogue a cebola até dourar e ficar crocante. Retire com uma escumadeira, escorra em papel-toalha e reserve.

Coloque a couve-flor na frigideira e refogue-a por 5 minutos. Junte o restante da cebola e refogue por cerca de 5 minutos, até a couve-flor ficar macia e dourar. Escorra em papel-toalha e reserve.

Aqueça o restante do óleo em uma panela, junte o peru e a marinada e refogue por 5 minutos. Acrescente a folha de louro, o cardamomo, o arroz e o caldo e deixe levantar fervura. Reduza o fogo e deixe ferver, mexendo de vez em quando, por 10-12 minutos, até o arroz secar e ficar macio. Se necessário, coloque um pouco de água.

Adicione a couve-flor e a semente de cominho, misture e reaqueça. Guarneça com a cebola crocante e a amêndoa e sirva em seguida.

# ENSOPADO DE PERU, LENTILHA E DAMASCO

Esse ensopado aromático pode ser congelado. Dobre a quantidade, para ter uma refeição pronta à mão.

**Preparo:** 15 minutos
**Cozimento:** 30 minutos
**4 porções**

2 colheres (sopa) de **azeite**
1 **cebola** grande cortada em rodelas finas
2,5 cm de **gengibre** descascado e ralado
2 **dentes de alho** bem picados
1 colher (chá) de **pimenta-do-reino** moída na hora
1 colher (chá) de **coentro em pó**
1 colher (chá) de **canela em pó**
1 colher (chá) de **cravo em pó**
1 colher (chá) de **cominho em pó**
½ colher (chá) de **cardamomo** moído
2 colheres (chá) de **páprica**
1 colher (chá) de **noz-moscada** ralada
500 g de **peru** sem osso e sem pele cortado em pedaços
150 g de **lentilha vermelha**
600 ml de **caldo de galinha**
raspas e suco de 1 **limão-siciliano**
50 g de **damasco seco** macio cortado em cubinhos
75 g de **coentro** fresco picado

Aqueça o azeite em uma panela grande em fogo médio e refogue a cebola com o gengibre e o alho por cerca de 5 minutos, até a cebola ficar macia.

Coloque as especiarias em uma tigela e misture bem. Acrescente os pedaços de peru e tempere bem a carne. Transfira para a panela e refogue até dourar por igual.

Adicione a lentilha e misture delicadamente. Junte o caldo, as raspas e o suco de limão, o damasco e metade do coentro. Quando levantar fervura, reduza para fogo baixo e deixe ferver por 15 minutos, ou até o peru e a lentilha ficarem bem cozidos. Acrescente o restante do coentro, transfira para tigelas individuais e sirva em seguida.

# HAMBÚRGUER TAILANDÊS DE PERU COM CRISPS DE COUVE

Esses hambúrgueres saborosos proporcionam uma boa dose de triptofano, que estimula o bom humor.

**Preparo:** 20 minutos
**Cozimento:** 20 minutos
**4 porções**

400 g de carne de **coxa de peru** moída
4 **cebolinhas** bem picadas
1 cm de **gengibre** descascado e ralado
1 **dente de alho** amassado
1 talo de **capim-limão**, sem as folhas externas, bem picado
½ **pimenta vermelha** sem sementes bem picada
2 colheres (sopa) de **coentro** fresco picado
1 **ovo** batido ligeiramente
4 **pãezinhos integrais**
**sal** e **pimenta-do-reino** moída na hora

**Para os crisps**
300 g de **couve** cortada em pedaços pequenos
raspas de 1 **limão-siciliano**
1 colher (sopa) de **azeite**
**semente de gergelim**, para finalizar (opcional)

Coloque a couve em uma tigela grande, junte as raspas de limão, o azeite e um pouco de sal e misture bem. Distribua a verdura em camadas sobre uma ou duas assadeiras.

Asse em forno preaquecido a 200°C por 15-20 minutos, virando na metade do tempo de cozimento, até a couve ficar crocante. Polvilhe com um pouco mais de sal e com as sementes de gergelim, se desejar.

Acomode a carne em uma tigela grande e tempere com a cebola, o gengibre, o alho, o capim-limão, a pimenta vermelha, o coentro, sal e pimenta-do-reino. Misture bem e adicione o ovo.

Faça quatro bolas grandes e pressione-as para formar os hambúrgueres. Aqueça o grill e grelhe em temperatura alta por 5 minutos de cada lado, ou até ficarem dourados e cozidos por igual. Sirva em pão de hambúrguer aquecido, acompanhado dos crisps de couve.

# CARNE À TAILANDESA COM PIMENTÃO

Esse prato perfumado e nutritivo é perfeito para acabar com a ansiedade e a depressão e estimular o sono.

**Preparo:** 15 minutos
**Cozimento:** 10 minutos
**4 porções**

1 colher (sopa) de **óleo de gergelim**
1 **dente de alho** bem picado
500 g de **filé de carne magra** cortado em fatias finas contra a fibra
1 talo de **capim-limão** sem as folhas externas e bem picado
2,5 cm de **gengibre** descascado e bem picado
1 **pimentão vermelho** sem sementes cortado em fatias finas
1 **pimentão verde** sem sementes cortado em fatias finas
1 **cebola**
1 **pimenta vermelha** sem sementes cortada em fatias finas
raspas e suco de 2 **limões**
um punhado de **coentro** fresco picado, mais alguns ramos para guarnecer
**sal** e **pimenta-do-reino** moída na hora
**arroz**, para servir

Aqueça o óleo de gergelim em uma frigideira grande em fogo alto. Adicione o alho e a carne e salteie por 2-3 minutos, até ficar ligeiramente corada.

Junte o capim-limão e o gengibre e tire a panela do fogo. Retire a carne e reserve.

Coloque os pimentões, a cebola e a pimenta vermelha na mesma panela e salteie por 2-3 minutos, até a cebola ficar macia e dourar.

Leve a carne de volta à panela, acrescente as raspas e o suco de limão, o coentro e tempere a gosto. Sirva em tigelas individuais com arroz e guarneça com ramos de coentro.

# CAÇAROLA DE ALCACHOFRA E ERVAS

Você pode adicionar a essa caçarola deliciosa e rica em nutrientes os legumes que tiver em casa.

**Preparo:** 15 minutos
**Cozimento:** 30 minutos
**4 porções**

2 colheres (sopa) de **azeite**
1 **cebola** grande picada
2 **talos de aipo** picados
3 **cenouras** picadas
2 **mandioquinhas** picadas
1 **bulbo de erva-doce** picado, sem as folhas externas
1 **batata-doce** descascada e picada
2 colheres (sopa) de **orégano seco**
1 colher (sopa) de **alecrim seco**
1 colher (chá) de **tomilho seco**
½ colher (chá) de **manjerona seca**
½ colher (chá) de **manjericão seco**
600 ml de **caldo de legumes**
250 g de **feijão-branco** cozido e escorrido
250 g de **grão-de-bico** cozido e escorrido
200 g de **coração de alcachofra** em conserva escorrido
**sal** e **pimenta-do-reino** moída na hora
**cuscuz marroquino**, para servir (opcional)

Aqueça o azeite em uma panela grande em fogo médio. Refogue a cebola com o aipo, a cenoura, a mandioquinha, a erva-doce e a batata-doce por cerca de 5 minutos, ou até a cebola ficar macia.

Adicione as ervas secas e mantenha no fogo por mais 5 minutos. Junte o caldo e, quando levantar fervura, reduza para fogo baixo e deixe ferver por 15 minutos, mexendo sempre, até os legumes ficarem macios.

Acrescente o feijão-branco, o grão-de-bico e a alcachofra e deixe ferver por mais 5 minutos. Tempere a gosto e sirva em seguida, acompanhado de cuscuz, se desejar.

# PENNE COM MOLHO DE TOMATE E ALCACHOFRA

O tomate, rico em antioxidantes, é combinado aqui com azeitona, que tem ômega-3, e alcachofra, que ajuda no equilíbrio hormonal.

**Preparo:** 15 minutos
**Cozimento:** 25 minutos
**4 porções**

1 colher (sopa) de **azeite**
1 **cebola** bem picada
2 **dentes de alho** bem picados
50 ml de **vinho tinto**
2 latas de 400 g de **tomate em pedaços**
uma pitada de **açúcar**
raspas finas de ½ **limão-siciliano**
1 colher (chá) de **orégano seco**
75 g de **azeitona preta** sem caroço picada grosseiramente
400 g de **penne integral**
1 ramo pequeno de **manjericão** rasgado
400 g de **coração de alcachofra** em conserva lavado, drenado e picado
**sal** e **pimenta-do-reino** moída na hora
**salada verde**, para servir

Aqueça o azeite em uma panela grande, de fundo reforçado, em fogo médio-baixo. Refogue a cebola e o alho por 5-6 minutos, até ficarem macios.

Adicione o vinho, o tomate, o açúcar, as raspas de limão, o orégano e a azeitona. Quando levantar fervura, reduza e deixe ferver em fogo baixo por 12-15 minutos.

Cozinhe o macarrão em uma panela grande com água ligeiramente salgada por 11 minutos, até ficar *al dente.*

Acrescente o manjericão e a alcachofra ao molho e mantenha em fogo baixo até aquecer bem. Tempere a gosto, misture ao macarrão e sirva com salada verde.

# PIMENTÃO ASSADO CREMOSO COM MIX DE GRÃOS

Você pode variar os grãos nesse prato, ideal para diminuir a ansiedade e garantir uma boa noite de sono.

**Preparo:** 10 minutos
**Cozimento:** 25-30 minutos
**4 porções**

4 **pimentões vermelhos** compridos sem sementes cortados ao meio no sentido do comprimento
25 g de **nozes** picadas
500 g de **grãos mistos** cozidos, como trigo-sarraceno, quinoa ou arroz integral
2 colheres (sopa) de **suco de limão-siciliano**
2 colheres (sopa) de **pasta de tomate seco**
3 colheres (sopa) de **ervas mistas** picadas, como salsa, estragão, cebolinha e tomilho
**sal** e **pimenta-do-reino** moída na hora

**Para o recheio**
350 g de **cream cheese**
3 colheres (sopa) de **ervas mistas** picadas, como salsa, estragão, cebolinha e tomilho
raspas finas de ½ **limão-siciliano**
2 colheres (sopa) de **sementes mistas** tostadas

Misture todos os ingredientes do recheio em uma tigela e tempere a gosto. Disponha os pimentões em uma assadeira, com o corte voltado para cima, e preencha-os com o recheio. Coloque as nozes por cima e leve ao forno preaquecido a 200°C por 25-30 minutos, até os pimentões ficarem macios e o recheio dourar.

Aqueça os grãos em uma frigideira grande, acrescente o suco de limão, a pasta de tomate seco e as ervas mistas e tempere a gosto.

Monte os pratos com uma porção de grãos e, sobre eles, os pimentões recheados. Sirva em seguida.

# TAGINE DE ABÓBORA, GRÃO-DE-BICO E BATATA-DOCE

Rico em antioxidantes, fibras e vitaminas do complexo B, esse prato marroquino é perfeito para as noites frias.

**Preparo:** 25 minutos
**Cozimento:** cerca de 40 minutos
**4-6 porções**

2 colheres (sopa) de **azeite**
2 **cebolas** picadas
2 colheres (chá) de **coentro em pó**
2 colheres (chá) de **canela em pó**
2 colheres (chá) de **cominho em pó**
1 colher (chá) de **pimenta vermelha em pó**
1 cm de **gengibre** descascado e ralado
3 **dentes de alho** amassados
1 colher (sopa) de **extrato de tomate**
1 **abóbora-cheirosa** grande sem sementes cortada em cubos
2 **batatas-doces** descascadas cortadas em cubos
2 **cenouras** cortadas em cubos
2 **mandioquinhas** cortadas em cubos
50 g de **damasco seco** macio picado
750 ml de **caldo de legumes**
raspas finas e suco de 1 **limão-siciliano**
250 g de **grão-de-bico** cozido e escorrido
3 colheres (sopa) de **coentro** fresco picado
**sal** e **pimenta-do-reino** moída na hora
**sementes de romã,** para decorar
**trigo-sarraceno**, para servir

Aqueça o azeite em uma panela grande em fogo médio e refogue a cebola por cerca de 10 minutos, até ficar macia. Junte o coentro, a canela, o cominho, a pimenta em pó, o gengibre e o alho e, por último, o extrato de tomate.

Deixe refogar por mais 2-3 minutos, acrescente a abóbora, a batata-doce, a cenoura, a mandioquinha e o damasco e mexa bem. Incorpore o caldo, as raspas e o suco de limão. Quando ferver, reduza para fogo baixo e cozinhe, sem tampa, até os legumes ficarem quase cozidos.

Adicione o grão-de-bico e o coentro fresco e tempere a gosto. Cozinhe por mais 10-15 minutos e retire do fogo. Sirva em seguida, com o trigo-sarraceno, e finalize com as sementes de romã.

# GRANITA DE MELANCIA, GENGIBRE E LIMÃO

Leve e refrescante, essa é a sobremesa ideal para encerrar um jantar: seus ingredientes estimulam uma boa noite de sono.

**Preparo:** 15 minutos, mais o tempo para esfriar e congelar
**Cozimento:** 10 minutos
**4 porções**

125 ml de **suco de limão**
875 g de **melancia** sem sementes
raspas finas de 2 **limões**
125 g de **açúcar demerara**
5 cm de **gengibre** descascado e ralado fino
ramos de **hortelã**, para decorar

Bata no liquidificador ou processador o suco de limão com a melancia e metade das raspas de limão, até ficar uniforme. Coe.

Transfira 125 ml do purê de melancia para uma panela pequena, junte o açúcar, o restante das raspas de limão e metade do gengibre e leve ao fogo médio, até dissolver o açúcar. Retire do fogo e deixe esfriar.

Junte a calda já fria ao purê de melancia e adicione o restante do gengibre. Despeje em um recipiente raso e leve ao freezer por 2 horas, até ficar parcialmente congelado. Bata com um garfo a cada 20 minutos, aproximadamente, para quebrar os cristais de gelo. Sirva a granita em taças de vidro, decorada com os ramos de hortelã.

# PARFAIT DE CASTANHA-DO-PARÁ E BANANA

Combinação de saúde: as castanhas têm ômega-3, a aveia é rica em fibras e a banana estimula os neurotransmissores do bem-estar.

**Preparo:** 15 minutos
**Cozimento:** 15 minutos
**4 porções**

100 g de **castanha-do-pará** picada
125 ml de **maple syrup**
50 g de **flocos de aveia**
400 ml de **iogurte grego**
1 colher (chá) de **extrato de baunilha**
1 colher (chá) de **canela em pó**
2 colheres (sopa) de **açúcar de confeiteiro**
4 **bananas** maduras, mas firmes, fatiadas
2 colheres (chá) de **suco de limão-siciliano**
2 colheres (chá) de **açúcar demerara**

Aqueça as castanhas-do-pará com o maple syrup em uma panela pequena em fogo baixo, até começar a borbulhar. Retire do fogo e acrescente a aveia. Despeje em uma assadeira antiaderente e leve ao forno preaquecido a 160°C por 10 minutos, ou até a aveia dourar e ficar grudenta.

Junte o iogurte, a baunilha, a canela e o açúcar e reserve. Separe quatro fatias de banana para decorar e coloque o restante em outra tigela, com o suco de limão e o açúcar demerara. Misture bem.

Distribua em camadas metade do creme de iogurte entre quatro tigelas de vidro ou copos para sundae, metade da banana e metade da mistura de castanhas. Repita as camadas, finalizando com as castanhas, e decore com as fatias de banana reservadas. Refrigere até a hora de servir.

# FRUTAS VERMELHAS COM CALDA DE CHOCOLATE

Nessa sobremesa fácil de fazer, as frutas oferecem antioxidantes e o chocolate amargo levanta o humor.

**Preparo:** 5 minutos
**Cozimento:** 5 minutos
**4 porções**

125 g de **chocolate amargo**
125 ml de **iogurte integral**
2 colheres (sopa) de **açúcar de confeiteiro**, mais um pouco para polvilhar
500 g de **frutas vermelhas congeladas** (framboesa, morango, mirtilo, groselha ou amora)

Derreta o chocolate em banho-maria em fogo baixo. Acrescente o iogurte e o açúcar e mexa bem até ficar uniforme.

Distribua as frutas congeladas entre quatro pratos. Regue com a calda de chocolate ainda quente e polvilhe com o açúcar de confeiteiro. Sirva em seguida.

# FIGO ASSADO COM MASCARPONE

Essa sobremesa reúne as fibras da fruta e o cálcio do mascarpone. O gengibre dá um toque picante e ajuda a digestão.

**Preparo:** 10 minutos
**Cozimento:** 15-20 minutos
**4 porções**

8-12 **figos** maduros cortados ao meio
1 colher (sopa) de **manteiga** cortada em pedaços pequenos
2 colheres (sopa) de **mel**
1 colher (sopa) de **açúcar mascavo**
1 colher (chá) de **pimenta-da-jamaica em pó**
2 colheres (chá) de **canela em pó**
suco e raspas finas de 1 **laranja**
125 g de **mascarpone**
1 cm de **gengibre** descascado picado grosseiramente
½ colher (chá) de **extrato de baunilha**
2 colheres (sopa) de **açúcar de confeiteiro**

Coloque as metades de figo em um refratário, com o lado cortado para baixo, e espalhe os pedacinhos de manteiga. Misture o mel, o açúcar, a pimenta, a canela, o suco e metade das raspas de laranja em uma tigela pequena. Cubra os figos com essa calda e leve ao forno preaquecido a 200°C por 15-20 minutos, até começar a borbulhar.

Bata o mascarpone, o gengibre, a baunilha, o açúcar de confeiteiro e o restante das raspas de laranja no liquidificador ou processador, até obter um creme macio e uniforme.

Transfira os figos para pratos de sobremesa, acrescente uma porção generosa de mascarpone e finalize com a calda de figos. Sirva quente ou frio.

# SUFLÊ DE CHOCOLATE E FRAMBOESA

Esqueça a culpa e não tente resistir a essa sobremesa deliciosa: ela estimula o bom humor e ajuda a relaxar.

**Preparo:** 10 minutos
**Cozimento:** 20 minutos
**4 porções**

100 g de **chocolate amargo**
3 **ovos,** clara e gema separadas
50 g de **farinha de trigo com fermento** peneirada
40 g de **açúcar**
150 g de **framboesa**, mais algumas para decorar (opcional)
**açúcar de confeiteiro**, para polvilhar

Derreta o chocolate em banho-maria em fogo baixo. Deixe esfriar um pouco e acrescente as gemas, bata bem e incorpore a farinha.

Bata as claras em neve. Adicione o açúcar. Junte 1 colher (sopa) de claras ao chocolate e misture bem, até ficar cremoso. Acrescente as claras restantes e misture delicadamente.

Distribua a framboesa entre quatro forminhas refratárias previamente untadas, cubra com o creme de chocolate e leve ao forno preaquecido a 190°C por 12-15 minutos, até crescer.

Polvilhe com açúcar de confeiteiro e sirva em seguida, com uma porção extra de framboesa, se desejar.

# POTINHO DE MIRTILO E MASCARPONE

Apesar de bebidas alcoólicas serem contraindicadas, uma pequena dose pode ajudar a relaxar, como nesta sobremesa.

**Preparo:** 15 minutos, mais o tempo para macerar
**4 porções**

200 g de **mirtilo**
2 colheres (sopa) de **vodca**
150 g de **mascarpone**
150 ml de **iogurte integral**
2 colheres (sopa) de **açúcar de confeiteiro**
raspas finas e suco de 1 **limão**

Coloque o mirtilo em uma tigela, regue com a vodca e deixe macerar por no mínimo 1 hora.

Reserve um quarto das frutas maceradas e amasse grosseiramente o restante com um garfo.

Bata o mascarpone com o iogurte até obter um creme uniforme. Incorpore o açúcar de confeiteiro, o suco e as raspas de limão.

Distribua o mirtilo amassado entre quatro copos de vidro, coloque uma camada do creme de mascarpone e finalize com mirtilos inteiros. Refrigere até a hora de servir.

# PAVLOVA DE CEREJA E NECTARINA

Use nectarina ou pêssego nessa receita. Se quiser uma consistência mais cremosa, substitua o cream cheese por coalhada.

**Preparo:** 20 minutos, mais o tempo para esfriar
**Cozimento:** 1 hora
**4 porções**

3 **claras**
175 g de **açúcar**
1 colher (chá) de **café forte**
1 colher (chá) de **extrato de baunilha**
250 g de **cream cheese**
125 g de **cereja**
125 g de **nectarina** sem caroço cortada em fatias

Bata as claras em neve. Acrescente 1 colher (sopa) de açúcar e, aos poucos, vá acrescentando o restante, até obter uma consistência macia e firme.

Incorpore o café e a baunilha. Espalhe o merengue com uma colher em uma assadeira forrada com papel-alumínio, formando um círculo de 20 cm de diâmetro. Faça uma pequena depressão no centro e leve ao forno preaquecido a 120°C por 1 hora, até ficar crocante. Deixe esfriar.

Retire o papel da base do merengue e transfira para um prato de bolo. Preencha a depressão central com cream cheese e finalize com as cerejas e as fatias de nectarina sobre o merengue. Sirva em seguida.

# TORTINHA DE FIGO E UVA

Fácil de preparar, essa tortinha crocante leva frutas ricas em antioxidantes, vitaminas e fibras.

**Preparo:** 20 minutos, mais o tempo para esfriar
**Cozimento:** 4 minutos
**12 unidades**

300 g de **massa filo**
75 g de **manteiga** derretida, mais um pouco para untar
3 colheres (sopa) de **geleia de framboesa** sem sementes
425 ml de **iogurte grego**
2 colheres (sopa) de **mel**
1 colher (chá) de **extrato de baunilha**
uma pitada de **sal**
25 g de **amêndoa triturada**
um punhado de **groselha**
um punhado de **uva preta** sem sementes cortada ao meio
2 **maracujás** (polpa com sementes)
4 **figos** maduros cortados em quatro
um punhado de **framboesa**
2 colheres (sopa) de **geleia de damasco** aquecida

Pincele as folhas de massa com a manteiga, uma a uma, e empilhe-as. Corte a pilha de massa em quatro ou seis quadrados, dependendo do tamanho.

Unte uma fôrma para muffins com 12 cavidades e forre-as com os quadradinhos de massa, sobrepondo camadas até preencher todo o espaço. Varie a posição dos quadradinhos para criar uma borda irregular.

Leve ao forno preaquecido a 180°C por 4 minutos, ou até dourar e ficar crocante. Retire do forno e deixe esfriar na fôrma por 10 minutos. Transfira as bases de massa para uma grade de metal e deixe esfriar mais.

Disponha as massinhas em uma travessa e recheie com a geleia de framboesa. Misture o iogurte, o mel, a baunilha, o sal e a amêndoa em uma tigela pequena e espalhe sobre a geleia.

Cubra com a groselha, a uva, o maracujá, o figo e a framboesa e pincele com a geleia de damasco. Sirva em seguida.

# SALADA DE FRUTAS COM CALDA DE CHÁ-VERDE

Varie a calda da salada de frutas usando chá-verde e gengibre no preparo, que melhoram o sono e a digestão.

**Preparo:** 20 minutos, mais o tempo para infundir e gelar
**Cozimento:** 7 minutos
**6 porções**

2 **mangas** grandes cortadas em cubinhos
2 **papaias** grandes sem sementes cortadas em cubinhos
1 **abacaxi** pequeno sem o miolo cortado em cubinhos
2 **kiwis** cortados em fatias
400 g de **lichia em conserva** escorrida
250 g de **uva verde**

**Para a calda**
125 g de **açúcar**
300 ml de **água**
raspas e suco de 1 **limão**
2,5 cm de **gengibre** descascado e picado
1 saquinho de **chá-verde**

Prepare a calda. Aqueça o açúcar com a água, as raspas e o suco de limão e o gengibre em uma panela em fogo baixo. Ferva, mexendo de vez em quando, até dissolver o açúcar. Mantenha no fogo por mais 5 minutos.

Retire do fogo, acrescente o saquinho de chá-verde e deixe em infusão por 10 minutos. Descarte o saquinho e transfira a calda para uma jarra. Refrigere por 10 minutos.

Coloque as frutas em uma tigela grande e coe a calda fria sobre elas. Conserve na geladeira até a hora de servir.

# ARROZ-DOCE COM LARANJA, GENGIBRE E GERGELIM

Essa receita combina o gengibre, de efeito calmante, com o arroz integral, que melhora o humor e equilibra o açúcar no sangue.

**Preparo:** 10 minutos
**Cozimento:** 45 minutos
**4 porções**

325 ml de **creme de leite fresco**
300 ml de **água**
100 g de **arroz integral**
2 **laranjas**
2,5 cm de **gengibre** descascado e ralado
3 **gemas**
3 colheres (sopa) de **açúcar demerara**
1 colher (chá) de **canela em pó**
2 colheres (chá) de **extrato de baunilha**
1 colher (chá) de **manteiga** em temperatura ambiente
3 colheres (sopa) de **semente de gergelim** torrada

Coloque o creme de leite, a água e o arroz em uma panela grande de fundo reforçado. Acrescente o suco e raspas finas de 1 laranja. Descasque e pique a laranja restante e adicione-a, juntando também o gengibre.

Tampe a panela e leve ao fogo médio. Quando levantar fervura, reduza e deixe ferver em fogo baixo, mexendo de vez em quando, por cerca de 30 minutos, até o arroz secar e ficar macio. Acrescente um pouco mais de água, se necessário.

Misture bem as gemas, o açúcar, a canela, a baunilha e a manteiga em uma tigela. Adicione ao arroz e cozinhe em fogo baixo por 5-10 minutos, mexendo até engrossar. Retire do fogo e salpique com as sementes de gergelim. Sirva quente ou frio.

# FRUTAS COBERTAS COM CHOCOLATE

O chocolate amargo tem flavonoides, que evitam inflamações e problemas cardíacos, e as frutas vermelhas são ricas em antioxidantes.

**Preparo:** 10 minutos, mais o tempo para gelar
**Cozimento:** 5-10 minutos
**4 porções**

75 g de **chocolate branco**
75 g de **chocolate amargo**
400 g de **morango** com a haste
125 g de **cereja** com a haste
125 g de **groselha** com a haste

Derreta os chocolates em banho-maria, em tigelas refratárias separadas. Deixe esfriar um pouco.

Separe as frutas em duas porções. Mergulhe uma porção no chocolate amargo. Deixe o excesso escorrer e transfira para uma assadeira forrada com papel-manteiga, para secar.

Repita a operação com o restante das frutas e o chocolate branco. Refrigere por, no mínimo, 10-15 minutos, ou até a hora de servir.

# DAMASCO COZIDO EM ÁGUA DE FLOR DE LARANJEIRA

Parceria perfeita: damasco, rico em fibras, e pistache, que contém ômega-3 e vitaminas do complexo B.

**Preparo:** 10 minutos, mais o tempo para esfriar
**Cozimento:** 5 minutos
**4 porções**

400 g de **damasco seco** macio
350 ml de **suco de maçã**
2 colheres (sopa) de **água de flor de laranjeira**
½ colher (chá) de **canela em pó**
2 colheres (sopa) de **mel**
75 g de **pistache** sem sal triturado
**sorvete de baunilha**, para acompanhar

Aqueça o damasco, o suco de maçã, a água de flor de laranjeira, a canela e o mel em uma panela de fundo reforçado em fogo médio-alto. Quando levantar fervura, reduza para fogo baixo e deixe ferver por 2-3 minutos, até o damasco aumentar de volume.

Transfira para uma tigela grande e reserve, para esfriar um pouco. Salpique com o pistache triturado e sirva quente ou frio, com o sorvete.

# ENDEREÇOS ÚTEIS

**Associação Brasileira de Climatério**
http://www.menopausa.org.br

**Associação Brasileira de Familiares, Amigos e Portadores de Transtornos Afetivos (Abrata)**
Tel.: (11) 3256-4831
http://www.abrata.org.br/new

**Associação dos Portadores de Transtornos da Ansiedade (Aporta)**
http://www.aporta.org.br

**Centro de Valorização da Vida (CVV)**
Disque 141
http://www.cvv.org.br

**Coordenação Geral de Alimentação e Nutrição – Ministério da Saúde**
E-mail: cgan@saude.gov.br
http://nutricao.saude.gov.br
Disque Saúde 136
http://portalsaude.saude.gov.br

**Departamento de Psiquiatria da Universidade Federal de São Paulo (Unifesp)**
http://www.psiquiatria.unifesp.br

**Instituto de Psiquiatria/Hospital das Clínicas/ Faculdade de Medicina da USP**
http://www.ipqhc.org.br

**Instituto do Sono – Universidade Federal de São Paulo (Unifesp)**
http://www.sono.org.br

**Meditação Brasil**
http://www.meditacaobrasil.com

**PRO-AMITI – Ambulatório Integrado dos Transtornos do Impulso (HC/USP)**
Tel.: (11) 2661-7805
http://amiti.com.br

**Serviço Social da Indústria (Sesi)**
http://www.portaldaindustria.com.br
http://www.sesisp.org.br

**Serviço Social do Comércio (Sesc)**
http://www.sesc.com.br

**Sociedade Brasileira de Cardiologia**
http://www.cardiol.br

**Sociedade Brasileira de Endocrinologia e Metabologia**
http://www.endocrino.org.br

**Sociedade Budista do Brasil**
http://www.sociedadebudistadobrasil.org

**Yoga.pro.br**
http://www.yoga.pro.br

# ÍNDICE

**Agradecimentos**
Gill Paul agradece à talentosa equipe da Octopus: Denise Bates, que veio com a ideia para a coleção; Jo Wilson, Katy Denny e Alex Stetter, que editaram os livros com muita eficiência e fizeram tudo funcionar; à equipe de design de Jonathan Christie e Isabel de Cordova, por tornar os livros tão lindos. Agradeço também a Karel Bata por todo o apoio e por provar minhas receitas. Karen Sullivan agradece a Cole, Luke e Marcus.

**Créditos das fotos**
Fotos encomendadas © Octopus Publishing Group/Will Heap com exceção de:

**Getty Images**
Anthony Lee 10.

**Octopus Publishing Group**
David Munns 87; Lis Parsons 41, 49, 61, 75, 77, 89, 93, 115; William Shaw 65, 67, 71, 101, 117, 119.

**Thinkstock**
Hemera 16; iStockphoto 5, 7, 8, 9, 12, 18, 21, 22, 27, 34.